QUE SABER SOBRE FILOSOFIA DA RELIGIÃO

JEAN GRONDIN

QUE SABER SOBRE FILOSOFIA DA RELIGIÃO

DIRETOR EDITORIAL:
Marcelo C. Araújo

COPIDESQUE:
Lessandra Muniz de Carvalho

EDITOR:
Márcio Fabri dos Anjos

REVISÃO:
Leila Cristina Dinis Fernandes

TRADUÇÃO:
Lúcia Mathilde Endlich Orth

DIAGRAMAÇÃO:
Junior Santos

COORDENAÇÃO EDITORIAL:
Ana Lúcia de Castro Leite

CAPA:
Alfredo Castillo

Título original: *La philosophie de la religion*
© Presses Universitaires de France, 2009

Editora Idéias & Letras
Rua Pe. Claro Monteiro, 342 – Centro
12570-000 Aparecida-SP
Tel. (12) 3104-2000 – Fax (12) 3104-2036
Televendas: 0800 16 00 04
vendas@ideiaseletras.com.br
http//www.ideiaseletras.com.br

**Dados Internacionais de Catalogação na Publicação (CIP)
(Câmara Brasileira do Livro, SP, Brasil)**

Grondin, Jean
Que saber sobre Filosofia da Religião / Jean Grondin; [tradução Lúcia Mathilde Endlich Orth]. - Aparecida, SP: Idéias & Letras, 2012.

Título original: La philosophie de la religion
Bibliografia.
ISBN 978-85-7698-132-9

1. Religião - Filosofia I. Título.

12-03293   CDD-210.1

Índices para catálogo sistemático:
1. Filosofia da religião 210.1

Sumário

Introdução – Religião e sentido da vida 7

1 – Religião e Ciência Moderna 11
   1. O nominalismo do mundo contemporâneo 13
   2. A religião foi ultrapassada pela ciência moderna? 17

2 – O vasto campo da Filosofia da Religião 21

3 – A essência da Religião: um culto crente 27
   1. Abordagens funcionalistas e essencialistas 28
   2. O caráter imemorial do religioso 31
   3. Os dois polos da religião 33
   4. Um sentido da vida traduzido por símbolos 36
   5. A universalidade da religião 38

4 – O mundo grego 41
   1. A "religião" grega 41
   2. Os filósofos pré-socráticos e a religião 44
   3. Platão: uma religião que se tornou metafísica 46
   4. A fundação platônica da metafísica 48
   5. A crítica da tradição mítica: a agatonização do divino 52
   6. Platão e a religião da cidade 54
   7. Aristóteles: a racionalização do divino
      e da tradição mítica 59
   8. A metafísica do espírito 60

9. A desmitologização de Aristóteles 62
10. O impulso da filosofia da religião no helenismo 64

5 – O mundo latino 67
1. A religião, uma palavra latina..67
2. A religião segundo Cícero: a reler atentamente................68
3. O laço religioso segundo Lactâncio 74
4. A síntese do platonismo e do cristianismo
   em Agostinho 75

6 – O mundo medieval 81
1. Duas fontes do saber..81
2. A filosofia da religião de Averróis e de Maimônides........83
3. A virtude de religião segundo Tomás de Aquino 88

7 – O mundo moderno...93
1. Spinoza e a crítica à Bíblia 96
2. A religião moral de Kant..99
3. A intuição do infinito em Schleiermacher 104
4. A sistematização filosófica da religião
   em Schelling e Hegel..107
5. As críticas da religião após Hegel 109
6. Heidegger e a possibilidade do sagrado 114

Conclusão 119

Bibliografia 125

Introdução

Religião e sentido da vida

A religião oferece as respostas mais sólidas, mais antigas e mais fidedignas à questão do sentido da vida. Por isso ela não pode deixar de interessar à filosofia em sua própria busca de sabedoria. O objeto supremo da maioria das religiões, Deus, representa, por sua vez, uma das melhores respostas à questão filosófica de saber por que há o ser e não o nada. A outra resposta consistiria em afirmar que o ser nasceu do acaso. É na religião que se articulou, e de maneira infinitamente diversa, uma experiência da vida que reconhece nela um percurso que tem sentido, porque esta vida se inscreve num conjunto que comporta uma direção, um fim e uma origem. Esta direção e esta origem podem ser determinadas por potências naturais ou sobrenaturais, por uma história que se pode hoje qualificar de mítica, mas cada vez a vida se reconhece comandada por algo superior que habitualmente é o objeto de uma veneração, de um culto e de um reconhecimento, sejam quais forem. Aí está uma resposta à questão do sentido da existência, que sempre apaixonou, mas às vezes também atormentou, a filosofia, de Platão até Bergson, Heidegger e Lévinas.

Só existem três respostas possíveis à difícil, mas gritante, questão do sentido da existência:

1. As respostas religiosas ou espirituais no sentido amplo, aquelas que reconhecem, de maneira natural ou refletida, que a existência está religada (*religare*, é uma das etimologias antigas que foi proposta para o termo religião, não importa se ela é fantasista) a alguma potência superior; não é falso dizer que essas respostas prevaleceram na história da humanidade, em quase todas as suas culturas e em todas as suas épocas.

2. As respostas seculares mais recentes. Elas nem sempre contestam a existência de uma transcendência, mas apostam mais na felicidade ou bem-estar dos seres humanos. Existem duas grandes variantes dessas respostas: uma forma mais utopista e humanista e uma versão mais hedonista e individual. A resposta humanista à questão do sentido da existência aspira à melhoria da condição humana. Ela pretende reduzir o sofrimento e lutar contra a injustiça, porque supõe que a vida humana representa um fim em si e que sua dignidade merece ser defendida. São respostas completamente honráveis que compõem a "religião" mais ou menos declarada de nossas sociedades avançadas, mas todas elas pressupõem as respostas religiosas, às quais elas fazem empréstimos importantes quando falam da dignidade humana ou da injustiça que é preciso combater, mas também quando sonham com uma libertação futura.

As respostas mais hedonistas proclamam por sua vez que é preciso gozar esta vida, *porque ela* é a única que nos é dada. É evidente que a resposta religiosa, ou mais exatamente sua ausência, encontra-se aqui pressuposta: é porque não há horizonte superior, nem transcendência, que é preciso aproveitar plenamente nossa vida. Neste caso é o prazer ou o gozo imediato que deve ser a fonte de nossa felicidade. Agostinho teve razão quando assinalou que também aqui se tratava de religião (*A fé cristã*, 1.38.69): aqueles que rejeitam os bens intemporais veneram de fato as coisas temporais, porque é delas que eles esperam a beatitude. Isto nem sempre será admitido, mas há realmente neste caso uma forma de "religião", isto é, um culto e uma crença em alguma coisa que nos torna felizes.

3. Enfim, podemos encontrar "respostas" à questão do sentido da vida que consistem em dizer que a vida não tem sentido (ou que a própria questão está malcolocada). Mais uma vez, se achamos que a vida não tem sentido ou que ela é absurda, contestamos que ela tenha um sentido *religioso* ou transcendente, realmente digno de fé e verificável. Resposta desiludida, lúcida por alguns lados, porque ela apreendeu a plena dimensão do mal e do incompreensível sofrimento da existência, mas que não responde verdadeiramente à questão: por que vivemos?

Quanto aos que julgam que a questão está malcolocada, é preciso perguntar-lhes como conviria colocá-la. A questão pode certamente ser expressa de outra forma, mas concebemos mal uma existência de *homo sapiens*, isto é, de um ser vivo consciente de sua condição, que não se coloca, seja lá em que grau for, questões sobre o sentido de sua breve estadia no tempo, mesmo que essas questões devam continuar abertas (e elas permanecerão abertas, mais ainda para a filosofia do que para a religião). É neste sentido que Agostinho dizia do ser humano, no começo de suas *Confissões*, que ele é um enigma para si mesmo. A filosofia é um fervilhar desse enigma, sem ignorar que a religião pretende trazer-lhe uma resposta.

A tarefa de uma filosofia da religião é meditar sobre o sentido dessa resposta e o lugar que ela pode ter na existência humana, ao mesmo tempo individual e coletiva. A filosofia da religião pretende por conseguinte ser uma reflexão *sobre a religião*, sobre sua essência e suas razões, e até sobre sua sem-razão. Mas o duplo sentido do genitivo, ou do complemento nominal, na ideia de uma "filosofia *da* religião" dá aqui a pensar, no sentido em que o genitivo no "medo dos inimigos" (*metus hostium*) pode exprimir ao mesmo tempo o medo que temos dos inimigos (genitivo objetivo) e o medo que os inimigos têm de nós (genitivo subjetivo). O propósito de uma filosofia da religião não é somente refletir, a distância, sobre um objeto particular, como se faz numa filosofia da cultura, da arte, do direito ou da linguagem. O genitivo subjetivo pretende também ser tomado em conta: talvez haja alguma coisa semelhante a uma filosofia *que pertence à própria religião*, uma via da sabedoria, se quisermos, que a filosofia, em sua própria busca de sabedoria (é o sentido da palavra *philo-sophia*), não poderia desdenhar e da qual ela tem coisas a aprender: e se houver mais sabedoria na religião do que na própria filosofia?

1. Religião e Ciência Moderna

Se a filosofia reconhece de boa vontade que a religião oferece as respostas mais eficazes à questão do sentido da existência, ela também sabe que essas respostas perderam hoje sua evidência. Não por toda a parte, longe disso, porque nossa época também é a época de uma ressurgência do religioso sob diversas formas, apesar do prognóstico, falso, de seu próximo desaparecimento: forte crescimento dos fundamentalismos, midiatização dos papas e das grandes figuras religiosas, proliferação das espiritualidades ecléticas, retorno à religião nos países do Leste (mas também na China) outrora ateus, persistência das questões últimas e da crença nas sociedades avançadas (numa pesquisa feita em 2008, 92% dos americanos diziam crer em Deus).

Se dizemos da religião que ela perdeu sua evidência, é porque a medimos com parâmetros de um saber experimental e científico, aquele que se impôs como a via privilegiada, quando não exclusiva, da verdade, nos tempos modernos, que ela não pode realmente satisfazer, pois suas origens são muito mais antigas do que a ciência. A religião comporta elementos de fé, de tradição, de rito, parece fortemente ditada por necessidades subjetivas e remeter ao inverificável, outros tantos elementos que minam sua credibilidade aos olhos da ciência moderna. Ao mesmo tempo em que permanece muito forte, força que faz parte de seu mistério, a religião se tornou uma questão cada vez mais problemática aos olhos da filosofia.

A consciência histórica dos dois últimos séculos, com o inegável impulso de relativismo que ela pressupõe, atingiu a muitos: jamais se teve tanta consciência do grande número de religiões (podemos contar mais de dez mil denominações no momento atual) e da diversidade de suas origens culturais e históricas. Isso tem por efeito relativizar a própria mensagem religiosa: como se pode afirmar que uma única religião encarna a via privilegiada da salvação? As religiões que o fazem, aquelas que insistem na unicidade e no caráter sobrenatural da revelação na qual se autorizam, como as convida sua tradição, correm o risco de aparecer como crispações e reações um pouco desesperadas a essa relativização histórica, aliás dificilmente contestável.

É verdade que se fala muito, mas há pouco tempo, da *"experiência religiosa"*, e justamente em razão da ascendência exercida pelo modelo científico, mas a ciência tende a ver nisso uma forma *fraca* de saber que depende da simples crença ou da "aposta" para falar como Pascal. Mas falar de "aposta" é ainda pressupor um modelo matemático caro à ciência moderna, o do cálculo das probabilidades, como também o sabia Pascal: em vista da eternidade que nos espera e da duração tão irrisoriamente curta de nossa vida, é melhor assumir o risco da fé, que tem o mérito de oferecer um reconforto aqui e agora, prometendo-nos ao mesmo tempo uma bem-aventurança eterna, sem nenhum parâmetro com o que se pode esperar nesta vida: "Assim, nossa proposta está numa força infinita, quando há o finito a arriscar [...] e o infinito a ganhar" (*Pensées,* Brunchvicg, 233). Continua aqui pressuposto o quadro da ciência moderna com suas exigências de cálculo e rentabilidade. Aqui a religião é considerada, até certo ponto, à maneira de uma "hipótese" (científica), adotada por alguns, porque ela responde a suas necessidades mais ou menos confessadas, mas que outros rejeitam porque ela não satisfaz, justamente, às normas da ciência. A religião aparece, portanto, como uma questão privada ou subjetiva, dependendo dos gostos ou das apostas de cada um. O conhecimento "objetivo" da realidade depende só da ciência.

1. O nominalismo do mundo contemporâneo

O horizonte de pensamento, bem recente, que vê na religião uma construção cultural que se acrescenta a uma realidade, que só a ciência física seria capaz de conhecer, é o do nominalismo. Este é uma resposta à questão de saber o que existe realmente: "existir" para ele é ser, ao invés de não ser, isto é, sobrevir realmente no espaço, existência que se deixa comprovar por nossos sentidos e nossos instrumentos de medida. Esta mesa ou este livro existem, por exemplo, porque eu os vejo diante de mim. Nem sempre se sabe, mas essa é uma concepção relativamente recente da existência, concepção que é própria ao nominalismo. Para ele só existem realidades individuais, materiais, portanto perceptíveis no espaço e no tempo. Assim, para o nominalismo, as mesas e as maçãs existem, mas os unicórnios, os anjos ou o Papai Noel não existem, são apenas ficção. As noções universais não existem também, são apenas nomes (*nomina*, daí sua denominação) que servem para designar um conjunto de indivíduos que possuem esta ou aquela característica comum, individualmente observável.[1] Esta é uma visão tão evidente das coisas e que determina de modo tão decisivo nosso pensamento que todos nós esquecemos que se trata de uma concepção bem-particular da existên-

---

[1] C. PANACCIO, "La question du nominalisme", em A. JACOB, *Encyclopédie philosophique universelle*, PUF, t. I, 1989, 566.

cia, isto é, a concepção que concede a prioridade exclusiva do ser à existência individual e contingente.

Existe pelo menos uma outra concepção do ser que é mais antiga e contra a qual a concepção nominalista foi pacientemente elaborada. À vista da concepção moderna e nominalista, é uma concepção que parecerá bizarra na medida do possível, *a fortiori* à nossa época, a do nominalismo sem reserva. É a concepção que compreende o ser não como existência individual, mas como manifestação da essência, cuja evidência seria primeira. Isso nos parece incongruente, porque, para nós, a essência é segunda, ela se acrescenta, por abstração, à existência individual. Ora, essa concepção era a dos gregos, especialmente de Platão, para quem o individual possui uma realidade de segundo grau. Ele é efetivamente segundo em relação à evidência mais ofuscante da essência (ou da espécie, porque se trata do mesmo termo em grego: *eidos*) que ele representa: assim, por exemplo, um ser humano ou uma coisa bela é apenas uma manifestação (bem efêmera!) de uma essência ou de uma espécie. A essência, como seu nome indica exatamente (*esse*), encerra o ser mais pleno, porque o mais permanente.

Não obstante, essa concepção que nos parece tão insólita sustentou o pensamento ocidental até o fim da Idade Média. Ela começou a ser criticada pelos autores que foram chamados nominalistas, entre os quais Guilherme de Ockham (fim do século XIII – 1350). Ironicamente, a motivação dele era inicialmente teológica: é que ele achava que a onipotência de Deus, da qual a Idade Média tardia tinha uma viva consciência, parecia incompatível com uma ordem eterna de essências que viria de alguma forma limitá-la. Se Deus é todo-poderoso, ele pode a todo momento transtornar a ordem das essências, agir de modo que o ser humano possa voar ou que os limoeiros produzam maçãs. Para Ockham, as essências são, portanto, apenas nomes e sucumbem a sua proverbial navalha.

Essa concepção foi contestada em sua época (entre outros motivos porque ela parecia incompatível com o dogma da eucaristia, em que a transformação da essência é crucial), mas ela acabou, lentamente, mas com certeza, por triunfar na modernidade, a ponto de eclipsar totalmente a outra visão da existência. Dessa forma não existem mais para a modernidade senão entidades individuais e materiais. Conhecer essas realidades não é mais conhecer uma essência, mas referenciar regularidades ou leis no seio das realidades individuais, supostas como primeiras. Essa concepção da existência penetra de lado a lado a ciência da modernidade, e não é de surpreender que ela tenha dominado seu pensamento que se pode dizer "político", no qual a preeminência do indivíduo se impõe cada vez mais como a única realidade fundamental.

Este nominalismo vai de par com a atenção que a ciência moderna presta ao que é imediatamente constatável. Os conceitos e as ideias que interessavam à ciência tradicional, todos eles, tornaram-se duvidosos e segundos. Mesmo as ciências humanas que se tornaram "sociais" na esteira desse processo, precisam de positividades individuais e espacialmente observáveis. É que as ideias não são mais manifestações do ser, mas fatos da sociedade, dos quais se imagina poderem ser objeto de uma observação empírica. Calcamos aqui sobre as ciências humanas uma concepção do ser que, com toda a certeza, foi tomada das ciências da realidade física (à qual se reduz daí em diante todo ser).

É evidente que esse nominalismo é averiguado como particularmente ruinoso para a própria religião e sua justa compreensão. É uma parvalhice dizer que as realidades da religião – a existência do divino, por exemplo – devem criar problema num quadro nominalista: Deus existe como uma maçã ou uma formiga? Certamente não. Portanto, Deus não existe para certa modernidade ou só existe a título de superstição inventada pelo cérebro humano.

A concepção que fazia do ser uma manifestação da essência, por estranha que possa parecer, não tinha essas dificuldades, porque para ela a existência individual e contingente era sempre derivada. Portanto, a existência do divino não criava problema para ela mesma, porque era primeira. Quanto à fé, ela era não tanto a questão de uma opção pessoal do indivíduo, mas um manter-se na evidência da essência divina, um saber-se envolvido por sua fidelidade que nada tinha a ver com uma opção que seria primeiramente a nossa.

Uma filosofia da religião não pode ignorar este horizonte nominalista, o da ciência moderna, que faz da religião uma questão tão problemática. Mas ela também sabe que a religião é mais antiga que a ciência (cuja emergência ela favoreceu entre os gregos ensinando que o mundo formava um cosmos ordenado) e que aquela se articulou desde então independentemente desta. Ela também não ignora que essas formas, digamos arcaicas, do religioso sobrevivem muito bem à era da ciência, enquanto que outras formas de saber, de experiência ou de fé que se pode dizer pré-científicas não sobreviveram: elas subsistem talvez aqui ou lá, mas práticas como a astrologia ou alquimia quase desapareceram. A modernidade pensou durante muito tempo, e ainda pensa, às vezes, que a mesma sorte seria a da religião. Mas isso não aconteceu. A religião continua sendo uma forma bem-viva e poderosa da existência humana. Essa surpreendente vitalidade do religioso no mundo contemporâneo, onde os grandes líderes morais – de Gandhi a João Paulo

II, passando por Martin Luther King, Elias Wiesel, Oscar Romero, Dalai Lama, Madre Teresa e Abbé Pierre – são muitas vezes personalidades religiosas, dá a pensar. Como explicar esta força do religioso que a atualidade parece não desmentir, muito ao contrário? Pode-se dizer, pelo menos, que ela testemunha uma experiência da vida que excede o quadro restrito do nominalismo.

Existe uma questão à sombra da qual se mantém hoje toda filosofia da religião.

2. A religião foi ultrapassada pela ciência moderna?

É evidente que a ciência tratou mal diversas representações religiosas do mundo: o mundo não foi criado em seis dias (mas numa ínfima fração de segundo), o *homo sapiens* descende de fato do macaco, do qual ele é próximo geneticamente, e Galileu tinha razão. Também é incontestável que o agnosticismo, talvez até o ateísmo, do mundo moderno está profundamente marcado pela concepção científica do mundo, para a qual a religião representa apenas uma forma de superstição, e a humanidade ganharia se prescindisse dela.

Não há, porém, nenhuma dúvida de que as religiões se mantiveram no mundo moderno "apesar de tudo". Em nome da ciência moderna, a religião foi habitualmente proclamada morta, antiquada, ilusória e até perigosa pelos filósofos, e ainda o é, de tempos em tempos, por autores recentes. Cada um é livre para ver nela a sobrevivência de uma credulidade supersticiosa, mas a persistência do religioso no mundo moderno é um fato. São sobretudo as ideologias que quiseram suplantá-la, entre as quais o marxismo, e que rapidamente envelheceram. Também Hegel (1996, 145), será que ele não tem razão ao dizer que é preciso pensar duas vezes quando se quer opor sua própria autoridade à autoridade da religião, porque isto seria opor-se a uma autoridade universalmente reconhecida?

Pode-se também apelar para o testemunho dos próprios cientistas em nome dos quais se pretende falar. Evocaremos aqui apenas o caso de Albert Einstein, de um lado, porque ele é bem-conhecido e, de outro, porque ele foi um dos maiores gênios da história da humanidade. O *Time* fez dele recentemente a pessoa mais influente do século XX e até do segundo milênio, e com razão. Em um outro texto muito célebre e, claro, muito pouco conhecido, ele disse: "Afirmo que o sentimento religioso cósmico é o motivo mais forte e mais nobre da pesquisa científica".[2] Texto desconcertante para alguns, mas que não é da pena de um cientista qualquer, nem do ser mais piedoso do mundo (Einstein era judeu, mas quase não era praticante, ou não o era absolutamente). Ele explicou mais tarde o sentido desse sentimento religioso cósmico: "Se existe algo em mim que se possa chamar 'religioso', isto seria minha admiração sem limites pelas estruturas do universo, na medida em que nossa ciência possa revelá-las".

Esta convicção de que há no mundo uma "razão superior revelando-se no mundo da experiência" traduz para ele a "ideia de Deus". Em seu ensaio de 1934, *Como vejo o mundo,* ele não hesitava em afirmar que "a ciência sem religião é defeituosa, e a religião sem ciência é cega". Mas o Deus de Einstein não é um Deus que se interessa muito pela sorte dos humanos: "Creio no Deus de Spinoza, que se revela na ordem harmoniosa do que existe, e não em um Deus que se preocu-

---

[2] A. EINSTEIN, *Comment je vois le monde*, 1979, 19.

pa com a sorte e as ações dos seres humanos" (telegrama endereçado ao rabino Goldstein, em 1929). Einstein explicava por que em seu livro de 1934: "Eu não posso imaginar um Deus que recompensa e pune o objeto de sua criação. Não posso representar-me um Deus que pautaria sua vida na experiência da minha. Não quero e não posso conceber um ser que sobreviveria à morte de seu corpo. Se ideias semelhantes se desenvolvem em um espírito, eu o julgo fraco, temeroso e estupidamente egoísta".

O interesse desse testemunho é lembrar que não é absolutamente justo afirmar que a religião teria sido construída em prejuízo da ciência moderna (mesmo que Einstein, por outro lado, criticasse a fraqueza e a credulidade da maioria das crenças religiosas). Pode-se também lembrar que aquele que formulou a hipótese de um *big-bang* era um padre católico, Georges Lemaître (1894-1966), mesmo que lhe tenha dado um outro nome. Esta ideia de uma expansão crescente do universo, desde sua repentina explosão, transformou-se em irrisão pelo astrônomo Fred Hoyle (1915-2001), que havia declarado que não acreditava nesta teoria ridícula de um *big-bang*, segundo a qual o universo teria começado por uma grande explosão. A expressão pretendia ser irônica, mas acabou sendo aceita pela comunidade científica.

Não vamos entrar aqui em um debate com as ideias de Einstein ou de Lemaître, mas nem deixar também de lembrar que muitos dos melhores cientistas estão longe de excluir toda perspectiva religiosa. Mas também nos parece importante sublinhar que eles não o faziam *como cientistas*, isto é, apoiando-se em resultados de pesquisa rigorosa. Quando Einstein fala do sentimento religioso cósmico, ele o faz como filósofo. Ele faz então filosofia da religião, e não ciência. Mas também é forçoso notar que é isso que fazem também os cientistas mais nominalistas, sem dúvida mais numerosos, que acham que a ciência torna caduca toda forma de religião, sendo ela integralmente redutível a uma forma de superstição. Para eles, não há diferença real entre a cientologia, o islã ou o cristianismo: trata-se de visões errôneas do real que abusam da credulidade das pessoas.

Aqui também o cientista ultrapassa o campo de suas competências, o da aquisição de conhecimentos metodologicamente verificáveis em um dado campo do saber. A filosofia da religião tem ensinamentos valiosos a tirar dos cientistas ateus, crentes e agnósticos, mas pode lembrar-lhes que as consequências metafísicas que eles estão prontos a tirar de suas descobertas, aureolando-se de seu estatuto de cientistas, não dependem mais inteiramente da ciência, mas do campo da filosofia da religião, o qual se trata aqui de introduzir.

2. O vasto campo da Filosofia da Religião

Os debates que acabamos de evocar sobre a ciência e a religião confirmam isto, se houver necessidade: a religião hoje é objeto das paixões mais fortes, o que comprova pelo menos sua vitalidade, e mais ainda porque se trata de questões cujas implicações o comum dos mortais apreende imediatamente.

A religião é certamente o lugar de todos os paradoxos. Se ela é muitas vezes denunciada como uma forma de *alienação*, também é vivida e se apresenta na maioria das vezes como uma promessa de *libertação*. Quimérica para uns, ela é o que há de mais seguro, de mais fundamental e de mais caro para os outros. Enquanto alguns a estigmatizam como a raiz de todos os conflitos e de todas as guerras, em nome de uma pretensão exclusiva à verdade absoluta, outros a saúdam como uma mensagem de paz, de fraternidade e amor, que se encontraria, mais ou menos tacitamente, no fundamento de nossas sociedades democráticas. Repete-se, à porfia, que a religião deve limitar-se à esfera pessoal ou privada, mas raramente isto foi levado à risca em praça pública. Tudo acontece como se a separação da Igreja e do Estado não fosse necessária, a não ser em razão de uma intimidade mais antiga que não se poderia ver. É a uma filosofia da religião que cabe ver mais claro este ponto.

A filosofia da religião pode ter vários sentidos. Em seu sentido mais essencial que seguiremos aqui, ela pretende ser uma reflexão sobre o fato religioso, sobre seu sentido, suas razões, sem ignorar o genitivo subjetivo inerente à ideia de uma "filosofia da religião", disposta a reconhecer à própria religião uma forma de filosofia ou de racionalidade, isto é, uma via que conduz à sabedoria. A disciplina se interessa então pelas grandes questões religiosas (o sentido do culto, Deus, a fé, a Igreja, as prescrições morais etc.) e por tudo o que os filósofos puderam dizer sobre essas questões. Trata-se de um campo imenso, porque *todos* os filósofos, da Antiguidade até nossos dias, tiveram alguma coisa de importante a dizer sobre a religião. Por conseguinte, o campo da filosofia da religião coincide confirmando mais ou menos a própria filosofia.

Graças a Deus, a filosofia da religião pode ser entendida em um sentido mais preciso. Ela pode: 1) focalizar a atenção em uma questão mais concisa (a essência da religião, Deus, a imortalidade, mas esses já são temas enormes); 2) ser compreendida como uma análise ou mesmo como uma justificação dos fundamentos "filosóficos" da religião em geral (Kolakowski, 16: "O que a tradição anglo-saxã chama filosofia da religião cobre *grosso modo* o domínio conhecido desde a Idade Média sob o nome de teologia natural, a saber, o exame racional de questões teológicas sem referência à autoridade da revelação"; era também a convicção de Hegel, 1996, 3), ou ainda de uma religião em particular (existe também uma filosofia do judaísmo, do islã ou do budismo); 3) interessar-se por *todas* as religiões e por todas as formas do religioso, inclusive pelas formas de religiosidade contemporâneas, mais ou menos explosivas, e que desconfiam naturalmente das religiões oficiais em nome de uma "espiritualidade" que pretende ser mais autêntica.

2. O vasto campo da Filosofia da Religião

Todas as religiões também são demais. Já lembramos que existem cerca de dez mil denominações, no momento atual, que possuem sem dúvida traços comuns, mas uma filosofia da religião que quisesse abranger fenômenos tão diversos, como os ritos funerários do neolítico, a mitologia asteca, o hinduísmo (ele próprio plural) e os "novos movimentos religiosos", deveria restringir-se a banalidades.

Aliás, uma filosofia da religião exclusivamente dedicada a uma religião particular seria muito pouco, porque ninguém pode hoje fazer abstração da pluralidade do religioso. Acontece que a maioria dos filósofos que se debruçaram sobre a religião o fizeram privilegiando uma religião particular, na maioria das vezes a sua própria, porque eles conheciam muito mal as outras. Platão e Aristóteles podiam apenas pressupor os deuses de sua tradição, Agostinho não podia elaborar senão uma "doutrina cristã", enquanto autores como Maimônides e Averróis tentavam conciliar a filosofia com suas próprias confissões, respectivamente o judaísmo e o islã. É difícil fazer filosofia da religião sem pressupor uma delas, mas que só corresponderá a uma das inúmeras formas do religioso.

É forçoso confessar que isso continua silenciosamente sendo verdade, embora a filosofia da religião não pretenda mais tratar só de uma religião particular e mostrar a mais total objetividade. Para dizê-lo sem rodeios: o cristianismo imprimiu de tal forma sua marca na filosofia e na reflexão sobre o religioso que ele continua a determinar, quer se reconheça ou não as reflexões sobre a religião. Sem dúvida, ele mesmo foi elaborado sobre as bases judaicas e gregas, e não sem integrar elementos de cultos chamados pagãos, mas pode-se falar aqui, em um sentido que pretende ser o mais neutro possível, de um *domínio ou de uma ascendência do cristianismo* sobre a concepção do religioso.

Segundo esta representação tacitamente cristã, a religião 1) depende primeiro da *fé pessoal*; 2) essa religião, engastada em uma metafísica, crê em um Deus único, transcendente e eterno; 3) traduz-se por um *culto* definido; 4) promulga *preceitos morais* (os dez mandamentos, o sermão da montanha, a casuística); 5) encarna-se em uma *instituição*, quase política, uma "Igreja", que tem sua hierarquia de clérigos, seus pastores, seus rabinos ou seus xamãs, até mesmo seu chefe; 6) define-se por dogmas ou artigos de fé; 7) supõe-se, enfim, que esses dogmas são inspirados por *textos sagrados*, transmitidos por uma revelação e sustentados por uma tradição.

Nada é mais fácil do que mostrar que essas características não se encontram em todas as religiões, longe disso. Isto não impede que quem se interessar por essas outras formas do religioso busque nelas espontaneamente uma forma de *crença*, uma *concepção do divino*, um *rito*, uma *moral*, uma *hierarquia*, certos *dogmas* e *escrituras* mais ou menos "sagradas" (que ainda continuam vagamente pressupostas quando se trata de transmissão oral, de memória ou de tradição, o que será o caso da maioria das formas de religião que não conheceram ou privilegiaram a escritura). O estudo empírico das religiões nos adverte prontamente que algumas religiões não conhecem verdadeiramente a noção de crença, que outras ignoram a ideia de um Deus transcendente, ou único, e outras mais não comportam hierarquia, nem dogma, nem texto sagrado, nem preceitos morais obrigatórios. Além disso, o esquema cristão já não continua tão forte que se buscará, *nolens volens*, nas outras "crenças" (termo que já não é inocente) equivalentes "à revelia" para o que o cristianismo nos habituou a encontrar em uma religião. Isso continua sendo verdade, mesmo quando o cristianismo é combatido com ferocidade (tal religião será valorizada, por exemplo, porque ela

2. O vasto campo da Filosofia da Religião | 25

não comporta moral rígida, nem dogmas, nem hierarquia). Como se trata de um fato histórico, não é uma ascendência que se deve combater a todo preço, cultivando um afeto anticristão, aliás bem-difundido, mas que deve ser levado em consideração no quadro de uma filosofia da religião. Concretamente, desde sua imposição como religião do Império Romano, o cristianismo dominou a reflexão filosófica sobre a religião. Os únicos que conseguiram escapar foram os filósofos muçulmanos, como Al-Farabi, Avicena e Averróis, ou Maimônides para o judaísmo, e os filósofos que se abriram às religiões orientais desde o Iluminismo, mas esses últimos muitas vezes o fizeram para fugir do paradigma cristão.

No entanto, uma filosofia da religião pode marcar os limites deste ascendente, partindo do que os filósofos *gregos* disseram do fenômeno religioso. É verdade que uma interpretação da filosofia grega da religião continua, nem sempre sem o saber, tributária do horizonte cristão, mas o que os gregos tinham a dizer não o é. Há, porém, uma outra razão que nos incitará a partir dos gregos: se ninguém pode dizer com exatidão quando o fato religioso – supondo que ele existe em sua unicidade – manifestou-se pela primeira vez, não se pode duvidar, mesmo se isto for às vezes contestado, que a filosofia nasceu no mundo grego. Ora, esta filosofia foi precedida e se tornou possível por causa de uma "mitologia" que admitia que a ordem do mundo estava assegurada por deuses sábios e benevolentes. A ideia de uma ordem do mundo, de um *cosmos* ao qual o homem deve conformar-se, foi por conseguinte prefigurada pela religião. É desta ideia de uma *ordem do mundo* que a filosofia buscará explicar a razão.

Portanto, a reflexão filosófica sobre a religião é o reconhecimento de uma dívida e de uma *proveniência*. A religião precedeu o aparecimento da filosofia e tornou possível sua busca de sabedoria, de racionalidade e de felicidade. Mas antes de chegar aos gregos, importa determinar as dimensões da *essência* da religião e de sua *universalidade*. Porque a questão filosófica fundamental de uma filosofia da religião é aquela que procura compreender sua essência.

3. A essência da Religião: um culto crente

Poderíamos dizer da religião o que Plotino e Agostinho disseram do tempo: como não nos perguntamos para saber em que ela consiste, quase nada sabemos sobre ela. Mas mesmo que nos façamos diretamente a pergunta, não vamos saber tanto como poderíamos pensar. É que a religião pode ser tudo e seu contrário. Muitas vezes se diz que se trata de um "sistema de crenças em uma transcendência qualquer". Mas é fácil encontrar religiões que não comportam sistema, nem transcendência, e que não se reconhecem expressamente como crença.

O fenômeno religioso admite formas tão variadas que os pesquisadores em ciências sociais das religiões se abstêm muitas vezes de defini-lo. É verdade que a atmosfera do tempo, nominalista, detesta todo discurso que trata da *essência* das coisas, como se fosse um palavrão. Associa-se então, de maneira caricatural, a essência a uma ideia um pouco platônica, intemporal e de uma constância absoluta. Se há uma coisa que o estudo das religiões nos ensina, é exatamente que a religião dificilmente corresponde a alguma coisa de idêntico em todas as civilizações. Isso é verdade, mas se falamos de formas plurais do *religioso*, no singular, este deve corresponder exatamente a alguma coisa. Por isso a questão da *essência* da religião, longe de esquadrinhar uma ideia *a priori*, pretende responder a essa questão mais elementar: de que se fala quando se trata de religião? O que se mantém no fenômeno religioso através de todas as suas metamorfoses? Se não houvesse no fenômeno religioso algo de comum, o termo religião não teria nenhum sentido. E se esse algo não permanecesse enigmático, ele simplesmente não interessaria à filosofia.

É aí que a filosofia da religião pode reconhecer sua questão principal: ela trata antes de tudo da essência da religião, a fim de compreender o que ela é, quais são seus elementos e suas razões. Ela não se interessa diretamente pelos índices de prática em uma dada sociedade (como pode fazê-lo uma sociologia da religião), nem por uma forma determinada, positiva e confessional de crença (como o faz a teologia), nem pelas formas imensamente diversas do religioso (que dependem da antropologia e da ciência comparativa das religiões), nem pela importância cultural ou política da religião em nossa civilização (que interessa a uma filosofia da cultura), mas pelo que é, fundamentalmente, a religião, por conseguinte, por sua essência.

1. Abordagens funcionalistas e essencialistas

Geralmente podemos distinguir duas grandes abordagens da religião, a funcionalista e a essencialista, mas que estão longe de excluir-se.

A abordagem funcionalista admite que a religião existe porque ela cumpre uma função mais ou menos evidente para aquele que a pratica, mas transparente para aquele que a estuda do exterior. Sua abordagem, fecunda em si, geralmente é genealogista e causalista: a religião se explica a partir de alguma coisa ou, segundo a fórmula consagrada, e mais crí-

3. A essência da Religião: um culto crente | 29

tica, "não é nada mais do que...". Aqui a religião não é considerada como um fenômeno autônomo ou originário; ela se encontra reconduzida a outra coisa que a razão pode explicar melhor e que só ela pode penetrar.

A resposta à questão da função ou do porquê da religião é plural em si mesma. Eis uma visão geral, não exaustiva, dessas explicações funcionalistas, que comportam todas elas um núcleo de verdade:

1) A religião teria servido para *explicar os fenômenos naturais* numa época em que a ciência não existia, daí seu recurso a potências mágicas e demoníacas. A religião é vista aqui como uma pseudociência ou uma forma de animismo, extinto desde o advento da ciência moderna. Essa interpretação funcionalista da religião encontra-se desde a Antiguidade em Epicuro e Lucrécio, mas é uma leitura que Augusto Comte (1798-1857) popularizou quando distinguiu o estágio religioso (primitivo) do estágio positivista (científico) da humanidade. Essa concepção continua forte no imaginário popular, que acha naturalmente que a religião foi suplantada pela ciência (mas nós vimos que a advertência dos próprios cientistas sobre esta questão era mais atenuada).

2) Uma outra explicação percebe na religião uma tentativa de *explicar a obrigação moral*: é preciso agir moralmente *porque* se trata de um mandamento divino. A religião propõe então uma justificação vertical da moral que permite associar-lhe recompensas e penas: age-se moralmente, por exemplo, *porque* se espera uma bem-aventurança futura. O fenômeno religioso se explica aqui a partir do sentimento moral, considerado mais originário e mais autêntico que ele. Nem sempre ele é dito para desacreditar a religião: pensadores como Rousseau e Kant dirão que os mandamentos morais podem ser vistos como mandamentos divinos, mas que sua

origem é puramente moral. O selo divino vem conferir-lhes uma dimensão de esperança, mas que seria mais ou menos equivalente a uma mais-valia, acrescentada à moral.

3) Mais ou menos no mesmo filão, muitas vezes se pressente na religião uma tentativa de justificar ou de *explicar uma ordem social e política* ou o papel que nela desempenham os governantes (faraós, reis), os sacerdotes ou uma casta particular. É uma filosofia da religião que se encontra tanto nos manuscritos do jovem Marx e na *Genealogia da moral* (1887) de Nietzsche, como no *Tratado teológico-político* de Spinoza. A religião, naturalmente considerada como o ópio do povo, encontra-se aqui reduzida a um fenômeno sociológico, político ou ideológico, considerado mais originário.

4) Na pista desta ideia de projeção e ilusão, as leituras mais psicanalíticas veem facilmente na religião um fenômeno de transferência (Deus funcionando como o pai que deve proteger o filho que sempre continuamos sendo da incerteza da existência) que seria, segundo Freud (1927), o fato de uma neurose coletiva e um pouco narcísica. A religião, criada por nossos ancestrais, que eram mais ignorantes e miseráveis do que nós para enfrentar o esmagador superpoder da natureza e paliar nossa impotência face a ela, refere-se a um fenômeno de sublimação, de repressão, numa palavra, a uma ilusão que a ciência pode hoje penetrar, curando assim a humanidade de sua própria neurose.

5) Há uma última forma de explicação funcionalista correntemente aceita e que é pressuposta por Freud: ela julga que a religião nasce antes de tudo da angústia diante da morte que a consciência humana não poderia suportar. A religião seria então o fato de uma cegueira voluntária face à finitude humana e ao nada que a morte representa. Para ser difundida, essa forma de explicação pressupõe o horizonte do individualismo

moderno e a importância que ele atribui à vida e à sobrevivência da pessoa humana. Mas não é certo que o individualismo se aplica a todas as formas de religião: algumas formas do budismo exaltam sobretudo o desaparecimento da individualidade na serenidade do nirvana, e parece que as formas mais antigas do judaísmo, como muitas outras religiões, não conhecem a ideia de uma sobrevivência após a morte.

2. O caráter imemorial do religioso

As explicações funcionalistas, todas elas, dizem alguma coisa de importante para uma filosofia da religião: quem poderia negar que há uma parte de consolação e projeção na religião, que ela tem oferecido "explicações" das coisas que não são defensáveis ou que ela muitas vezes foi o reflexo de uma constelação social ou ideológica? Encontram-se aqui elementos de uma crítica à religião (embora nem todas as perspectivas funcionalistas sejam necessariamente críticas), dos quais se pode pensar que podem ser apropriados pela própria religião, *a fortiori* por uma filosofia da religião, se ela quer chegar a uma melhor compreensão de seu objeto.

Não se poderia esquecer que a *crítica da religião sempre fez parte da própria experiência religiosa*. Isto é particularmente evidente na linhagem formada pelas religiões do Livro, em que cada uma se funda em uma crítica daquela que a precede. A religião judaica estigmatiza o culto aos ídolos dos egípcios e alguns cultos judeus infiéis às prescrições de Moisés (o bezerro de ouro e todas as imagens encontram-se proscritos em nome da transcendência absoluta de Javé). O *Novo Testamento* denuncia, por sua vez, a prática dos judeus, julgada por demais legalista. O islã critica as aberrações da religião cristã, sua concepção da Trindade e a ideia de que Deus possa ter um filho. Quanto ao protestantismo, ele nasce de uma crítica à versão esclerosada do catolicismo e passará também por diversas reformas. Nada é mais religioso do que a crítica da religião. Isso continua sendo verdade para as críticas radicais à religião: nelas a religião não é condenada, a não ser porque se tem uma concepção mais rigorosa da salvação do que é lícito ao ser humano esperar. Pode-se tirar daí uma lição importante para uma filosofia da religião: não se pode criticar a religião, a não ser que se tenha uma outra coisa a propor, uma religião melhor, talvez.

Também é permitido perguntar se a religião só serve de fato para explicar as coisas e para cumprir uma função. Poderia ainda acontecer que a religião tivesse uma visão um pouco científica das coisas. As interpretações funcionalistas pressupõem de fato que toda criação cultural deve corresponder a uma função precisa. Se isso não for certo, é que há uma dimensão da religião que depende do "sempre já aí". Há efetivamente em quase todas as religiões uma tradição que é perpetuada, mas na maioria das vezes de maneira não refletida: a religião se exprime através dos costumes ancestrais, dos ritos, dos relatos que são naturalmente retomados. Por conseguinte, a religião não foi necessariamente inventada em um certo dia por espíritos malignos que queriam justificar seu poder ou abusar da credulidade de suas ovelhas. Isto pode sem dúvida ter acontecido em alguns casos: houve charlatães e gurus que eram puros escroques (fenômeno que não se limita ao mundo religioso). Mas em geral, a parte da tradição, da memória e dos costumes "sempre já aí", de maneira imemorial, demonstra seu poder na história das religiões. Aqui, o indivíduo não se encontra na posição daquele que escolhe no cardápio o que lhe convém ou o que corresponde a suas necessidades, mas se integra a um culto transmitido. É isso que se pode chamar "passado anterior" de toda religião, sua anterioridade em relação à consciência.

Será que todas as religiões surgem exclusivamente da necessidade de crer? Se é permitido duvidar disso é porque as religiões existiram bem antes que surgisse a questão do porquê e de seu porquê, e bem antes sem dúvida que o crer fosse reconhecido expressamente como tal. É o sentido da anterioridade imemorial do religioso que faz parte de uma realidade transmitida e que se insere numa tradição de memória. Sem dúvida os seres humanos foram em todo tempo "crédulos", e ainda o são, mas será que a religião depende unicamente dessa credulidade? O judaísmo, como sabemos, depende mais da pertença a uma linhagem e uma tradição do que da fé (o que ainda assim é mais a norma do que a exceção na história das religiões). Aqui, a parte de tradição é mais importante do que a da fé, e a ideia de credulidade não tem nenhum sentido.

Sobretudo nos damos conta de que as interpretações funcionalistas resultam das interpretações essencialistas: dizer da religião que ela é apenas isto ou aquilo é exprimir-se sobre sua essência, sobre o que ela é em seu fundo, que se pretende decifrar de uma vez por todas. Portanto, ninguém escapa de uma abordagem essencialista, de uma reflexão sobre o que constitui propriamente a religião, seja qual for sua incomensurável diversidade.

3. Os dois polos da religião

Há duas dimensões que parecem fundamentais e específicas à religião: o culto e a crença.

Isso também não é evidente, porque são dois aspectos cujo peso relativo é às vezes contestado pelos especialistas. É evidente que para os modernos a dimensão de culto parece muitas vezes secundária (o único culto verdadeiro, dirão Rousseau e Kant, é o do coração). A modernidade associa facilmente o culto e o rito a práticas um tanto mágicas, cuja verdadeira religião deveria cessar. Ela prefere reatar a religião à noção de crença, pois os dois termos são quase intercambiáveis: haveria tantas religiões quantas crenças. Para ela, a religião depende mais de uma crença do que de um culto. O culto é visto como a consequência da crença (os que creem em Moisés, Jesus ou Maomé obedecerão aos cultos instituídos por eles ou aos que se valem deles).

Simplesmente, essa insistência na *crença* aparece bem mais tarde na história das religiões. Os especialistas lembram muitas vezes que as religiões mais antigas não teriam conhecido essa dimensão de crença. Seria o caso das religiões grega e romana, como insiste P. Gisel (2007, 54-55): "Na Antiguidade greco-romana, a questão do crer não é pertinente. Nessa época o religioso depende de uma relação com o cosmos, feito de sabedoria e de medida, ligado à condição do humano. Narrações e mitos diversos, trazidos pelos poetas, relatam essa relação ou a colocam em cena; eles contam o mundo, diversamente e onde nada é para crer. [...] Em relação com o cosmos, a religião antiga é essencialmente ritual. Há ritos a cumprir, acompanhados pelo mito. Os ritos devem ser cumpridos em tal lugar, por cada um, seja ele estrangeiro ou esteja de passagem; sem este cumprimento a peste ou qualquer outra catástrofe cósmica pode sobrevir. Há um rito a cumprir, sem engajamento crente nem retomada sobre si".

Gisel tem razão ao lembrar que a religião antiga era mais ritual e cívica. Podemos enumerar práticas e formas de culto em quase todas as religiões antigas que balizam os grandes ritos de passagem, o nascimento, o ingresso na comunidade, o casamento, os ritos funerários, mas também os ciclos da natureza (solstício, plenilúnio etc.). Esses cultos cumprem diversas tarefas, infinitamente variadas, de comemoração, de pacificação e de comunhão, que se exprimem muitas vezes por sacrifícios de animais e às vezes de humanos. Esses ritos, coletivos e participativos, administrados por autoridades religiosas, adivinhos, druidas, arúspices, os quais ocupam frequentemente posições políticas, exercem uma função que se pode dizer *propiciatória*: eles têm por finalidade tornar propícios ou benevolentes os deuses ou as forças da natureza. Os sacrifícios mais "expiatórios", por meio de um bode expiatório (cf. Lv 16,22), cumprem uma função análoga.

As espiritualidades modernas, mesmo que não excluam toda forma de culto, costumam ver de preferência na religião uma questão de convicção pessoal (na qual se pode ver um efeito do cristianismo e do acento que ele faz incidir na fé). Dependendo do engajamento, a religião se torna então uma questão cada vez mais, ou até exclusivamente, privada. Em sua *Carta sobre a tolerância*, de 1689, Locke dirá que toda religião é uma questão interior: "Toda a vida e o poder da verdadeira religião residem na convicção plena e interior do espírito; e a fé não é fé sem crença". Trata-se de uma ideia para nós bem banal, mas que para um pensador grego ou um sacerdote quéchua seria totalmente incompreensível.

Se podemos dizer que as religiões mais antigas estavam mais centradas no rito, as formas mais recentes de religião insistem mais na crença, na dinâmica do cristianismo. Mas como ela é mais antiga, pode-se partir da ideia de culto e reconhecer-lhe uma dimensão fundamental. Sem dúvida, ela se tornou um pouco estranha para nós, mas sobrevive de maneira importante na ideia de um *culto da alma* que as religiões da crença preservaram e até aprofundaram. A noção de culto vem do verbo *colere*, que quer dizer cultivar. Em seu sentido mais agrícola, cultiva-se um terreno para torná-lo fértil e, no caso do culto religioso, a fim de torná-lo fecundo para a divindade. Todo culto implica, portanto, mesmo inconscientemente, um culto de si mesmo, na medida em que o *homo sapiens* que toma parte em um rito o faz em certo espírito, sabendo ou sentindo (*sapiens!*) que se trata de um culto que tem um sentido. É neste sentido que a religião pode ser chamada um *culto crente*, na maioria das vezes partilhado por uma comunidade.

Aqui se pode falar dos dois *polos* do culto e da crença para sublinhar que o religioso pode tender mais para um do que para o outro: a religião mais arcaica é evidentemente mais ritual, enquanto as religiões modernas e conscientes de si mesmas como religiões se compreenderão mais como crenças. Mas um polo não se orienta sem o outro: assim como uma crença implica um engajamento, certo trabalho sobre si, portanto, uma forma de culto ou de prática que pode limitar-se a uma oração silenciosa, uma leitura ou um olhar sobre a vida, assim o culto que não precisa necessariamente se refletir como crença implica certa orientação da existência em certo sentido: um rito só é cumprido porque ele é sentido – e, consequentemente, crido – como algo significante.

4. Um sentido da vida traduzido por símbolos

Quer dizer que o culto crente que é a religião comporta uma dimensão *simbólica*. Ele cumpre ações e ritos cujo alcance ultrapassa os próprios gestos: sacrifica-se uma ovelha para tornar favoráveis os deuses, como se batiza uma pessoa com água para lavá-la de seus pecados.

O termo símbolo vem do verbo grego *sumballein*, que quer dizer "cair junto"; ele exprime uma fusão *entre o que é dado e o que ele significa* (a água e a purificação). O mundo da religião é de súbito um mundo simbólico, *que quer dizer alguma coisa* e que é desde então sensato, razoável. Esse alcance simbólico, ou mais simplesmente significante, está, de uma ou de outra maneira, presente no espírito daquele que toma parte no rito. Se alguém participa em uma cerimônia ou procissão, é porque pressente (*sapiens*) que ela tem um sentido. É aqui que intervém a dimensão da *crença*. Mesmo que ela seja pouco confessada, ou até ausente, pretendem-se muitas vezes ritos das culturas mais arcaicas. Só se pode cumprir um rito porque se crê nele, porque se crê em seu sentido, que confere um sentido para nosso mundo. Portanto, em sua essência, a religião é um culto crente, no qual a dimensão de culto ou de crença será mais ou menos ostentada, um culto simbólico que reconhece um sentido a nosso cosmos e por conseguinte a nossa existência.

O nominalismo vê na função simbólica uma atividade construtiva de nosso espírito, uma simples projeção de nossa inteligência, acrescentada à experiência de um mundo antes de tudo físico. A religião nos lembra de que isso não é completamente verdadeiro, visto que o mundo já está cheio de sinais que apontam para além do que é imediatamente dado: a nuvem carregada é anúncio da tempestade (ou da cólera do deus...), o rosto pálido é o sintoma de uma doença, o bom odor deixa adivinhar alguma coisa comestível ou um parceiro interessante. O real é de repente significante, o sentido não é uma pura criação de nosso cérebro.

Como bem o viu Ricoeur, é no próprio mundo que o ser humano faz a experiência do sentido e também do sagrado: "É antes de tudo *no* mundo, *nos* elementos ou aspectos do mundo, no céu, no sol e na lua, nas águas e na vegetação que o homem lê o sagrado; [...] portanto, antes de tudo é o sol, a lua, as águas, isto é, realidades cósmicas, que são símbolos".[1]

Mesmo sem refleti-la sempre como tal, a religião é a expressão dessa dimensão simbólica do real e da vida: o real é mais do que ele dá a perceber à primeira vista. Ele tem um sentido. A articulação desse sentido nos cultos e nas crenças é a religião. Esta articulação tem algo de universal.

5. A universalidade da religião

1) A universalidade da religião significa antes de tudo dizer que houve religiões *em toda parte,* em quase *todas* as civilizações e em *todo tempo.* Hegel chega a dizer da religião que ela é o que o ser humano e as civilizações têm de mais próprio e de mais precioso, porque é, como o testemunham muitas vezes suas obras de arte ou o que consideramos hoje como suas obras de arte, sua realização mais elevada e a fonte de sua maior felicidade. Isso o faz dizer que a religião é de certo modo o "domingo da vida" (1996, 58), a quintessência de uma vida que se reflete a si mesma. De fato, ela é o que nós mais retemos e admiramos nas culturas antigas ou estrangeiras.

2) A universalidade da religião nos faz lembrar a *variedade infinita* dos cultos e das religiões. Ela tem a chance de nos prevenir contra as ideias preconcebidas a propósito da religião que a associam tão pronta ou tão comodamente a

---
[1] P. Ricoeur, *Philosophie de la volonté*, II: *Finitude et culpabilité*, Aubier, 1988, 174.

3. A essência da Religião: um culto crente | 39

uma forma particular da religião, como se faz muitas vezes, quer se trate do integrismo muçulmano ou do jansenismo católico. Será que é verdade dizer que todas as religiões são hostis à sensibilidade, à mulher, que elas sejam votadas a uma alienante transcendência metafísica? A universalidade da religião nos lembra de que isso está longe de ser evidente. Há religiões que veneram realidades naturais, como o sol e os animais, que não têm nada de metafísico. Algumas quase não falam de Deus ou de um Deus transcendente, outras estão mais associadas a etnias. Mas, em todas elas, a filosofia pode pressentir um culto crente que se traduz por símbolos que reconhecem um sentido para nosso universo.

3) Dessa maneira, a universalidade da religião vem sublinhar que nenhum ser humano existe verdadeiramente sem alguma forma de religião, isto é, sem alguma orientação fundamental a respeito de sua existência, por embrionária que ela seja. Alguns vão preferir chamar isso de espiritualidade, visão do mundo ou filosofia de vida. Aqui cabe lembrar a fórmula de Agostinho, segundo a qual cada um é uma pergunta, um problema para si mesmo; ou a de Heidegger, para quem o homem é o ser que trata em seu ser de si mesmo. Essa preocupação traduz uma inquietação a propósito do sentido da vida, o que as religiões procuram articular. Uma visão não religiosa do mundo buscará a sua maneira o equivalente a esse sentido.

4) A universalidade da religião vem, enfim, sublinhar a ideia de que a religião propõe uma salvação que pretende, em princípio, ser universal. A religião, e a utopia que a anima, encontra-se à origem de nossa própria concepção da universalidade. É incontestável que o universalismo dos direitos humanos tem tudo a ver com a universalidade da salvação proclamada por São Paulo na *Epístola aos Gálatas* (3,28).

Por isso o fim da religião dificilmente pode ser proclamado, a não ser que se creia em outra coisa. Mas em quê? É aos que querem ultrapassar o estágio religioso da humanidade que cabe respondê-lo. Todavia, é possível que lhes seja difícil fazê-lo sem empréstimos maciços ao discurso religioso

4. O mundo grego

1. A "religião" grega

À s vezes nos perguntamos se a religião é um fenômeno grego. Se duvidamos disso, é porque dificilmente encontraremos um equivalente exato para o termo latino *religio*. Mas esses equivalentes existem. Resta saber se são exatos. Os gregos têm uma noção de piedade (*eusebeia*), da qual falou Platão no *Eutífron* e nas *Leis*, que corresponde não tanto a um estado de espírito devoto, mas à observância dos ritos e das orações exigidos pelo culto da cidade. Quando Sócrates foi acusado de impiedade, ele respondeu que, ao contrário, ele sempre honrou os cultos da cidade.

Se o grego não conhece o termo religião, ele fala naturalmente das "coisas sagradas", no neutro plural (*ta hiera*; o singular, *to heron*, designa muitas vezes a vítima sacrificial), ou ainda das "coisas divinas" (*ta theia*, *Eutífron*, 4 *e*), ou dependendo da piedade (*osion*). Essas coisas religiosas remetem ao mundo dos deuses, cuja evidência é reconhecida pelos gregos, porque sua natureza e sua mitologia estavam cheias delas. A experiência do divino (*theos*) é a de uma potência superior. Os deuses são muitas vezes chamados "superiores" (*kreittones*) em Homero. Os deuses não são vistos como tais, mas se pode reconhecê-los por seus efeitos. "O que faz de uma potência uma divindade é que ela reúne sob sua autoridade uma pluralidade de 'efeitos', para nós completamente disparatados, mas a que o grego se assemelha, porque vê neles a expressão de um mesmo poder exercendo-se nos domínios mais diversos. Se o raio e as alturas são de *Zeus*, é que o deus se manifesta no conjunto do universo em tudo o que traz a marca de uma eminente superioridade, de uma supremacia" (Vernant, 13).

Essa superioridade do divino se estende a realidades não mais físicas, mas psicológicas, éticas e institucionais. Uma paixão que nos arrebata, ou que nos abandona, é coisa de um deus: a coragem, a serenidade, a cólera, mas também a astúcia. Na *Ilíada*, é Apolo que insufla coragem em Heitor por ocasião de seu combate contra Aquiles, o qual é apoiado por Atena, a filha de Zeus. Os deuses se perguntam então se o valente Heitor deve ser salvo. Atena se impõe, e a balança de Zeus pende em favor de Aquiles. Quando Heitor se dá conta de que seu deus o abandona, ele aceita sua sorte e se deixa cair.

O pensamento grego do divino não está centrado no sujeito crente, mas no poder do divino que rege o mundo e também as forças do destino, da vida e do crescimento. Como disse W. F. Otto (*Os deuses da Grécia*, 1929), o olhar grego vê o mundo como divino e o divino como mundo. Mas não se trata de uma religião da natureza: "O raio, a tempestade, os altos picos não são Zeus, mas de Zeus" (Vernant, 13). O deus é a expressão de um poder superior do qual o ser humano compreende bem poucas coisas. Essa separação do mundo dos deuses e dos homens é essencial e continuará sendo para a filosofia grega da religião: os deuses são seres imortais e bem-aventurados, enquanto os mortais estão sujeitos ao trespasse de pobres criaturas que fenecem depois de uma breve floração (*Ilíada*, 21, 464).

4. O mundo grego

Essa visão divina do mundo é transmitida por relatos que constituem a rica mitologia grega, da qual não existe uma única versão canônica. Os mais célebres são os de Homero e o mais sistemático o de Hesíodo, que mostrou em sua *Teogonia* como o império dos deuses do Olimpo, governados por Zeus, depois de um combate de titãs contra as divindades mais antigas da terra se impôs. Portanto, o mundo passou do caos à ordem olímpica, instaurada por Zeus, que veio tarde, mas como "pai dos deuses e dos homens", segundo Hesíodo.

São antes de tudo os deuses olímpicos, Zeus e sua progenitura, que serão o objeto de um culto na Grécia clássica, mas foram conservados os cultos das divindades mais antigas, mais terrestres e até subterrâneas. Cada cidade terá suas divindades tutelares e lhes votará um culto particular (Atena vela por Atenas e Esparta, enquanto Apolo protege os troianos).

Essa "piedade" assemelha-se a outros cultos da Antiguidade que têm sua mitologia, sua teogonia e uma experiência semelhante à do superpoder do divino, mas ela prepara a filosofia por ao menos dois traços:

1) os deuses, sobretudo olímpicos, são responsáveis tanto pela ordem da natureza como pela ordem da alma e da cidade; por conseguinte, o real é visto como algo ordenado e "racional" porque governado pelos deuses; a filosofia grega brotará desse reconhecimento de um cosmos regido pela razão, mas lhe dará uma feição menos mitológica;

2) a separação do mundo dos deuses e dos humanos será mantida pela filosofia: se os deuses gregos são imortais, sempre belos, sem idade e sábios, os seres humanos estão sujeitos à morte e não são sábios, senão quando se submetem à vontade dos deuses. Aqui há uma diferença que se pode dizer metafísica entre o mundo divino, definido por sua perma-

nência e sua sabedoria, e o mundo humano, considerado instável e sujeito a opiniões que mudam. A separação depende ao mesmo tempo do ser e do conhecimento: de um lado, a estabilidade, a permanência e o saber, e, de outro, a inconstância e a cascata de opiniões.

2. Os filósofos pré-socráticos e a religião

Poetas como Píndaro e os autores trágicos (Ésquilo, Sófocles e Eurípides) não cessarão de lembrar o abismo que se cava entre os imortais e os mortais. A principal diferença vem do poder: eternos e bem-aventurados, os deuses dispõem tudo a seu bel-prazer, enquanto a felicidade dos mortais, se ela existe, não dura. Por sua inteligência, sua glória ou sua alma, alguns têm certos traços de semelhança com a divindade, mas é porque um deus os assiste. Mas ai deles se pretendem opor-se aos decretos dos deuses.

Os primeiros "filósofos" nem sempre distinguem sua visão dessa herança mítica, mas tiram dela antes de tudo lições de sabedoria. Tales, do qual diz Aristóteles que foi o primeiro dos filósofos, porque procurou explicar todas as coisas a partir de um princípio, afirmou que tudo está cheio de deuses (passagem que Platão aplaudirá em suas *Leis*). Heráclito, o "obscuro", tenta pensar o *Logos*, isto é, o "Uno", que existe sempre, mas sublinha que os seres humanos são incapazes de entendê-lo, tanto antes de entendê-lo como depois de tê-lo entendido pela primeira vez. Se o conflito é o pai de todas as coisas, ele deu a uns a forma humana, a outros a forma divina, entendendo-se que a divindade possui o entendimento e que o ser humano está desprovido dele (fg 53, 78). Portanto, o ser humano será considerado pela divindade como um menino, como o filho pelo homem. Se para o deus todas as coisas são belas, boas e justas, os humanos inventaram a ideia de que algumas eram injustas e outras justas (79,102).

Parmênides pressupõe essa distinção, mas toma a liberdade de colocar sua própria doutrina na boca de uma deusa, artifício do qual Platão se servirá às vezes, quando recorrer a mitos ou a uma revelação prodigalizada por uma deusa. Em seu poema, redigido em hexâmetros, como eram os textos de Homero, de Hesíodo e de Heráclito, trata de um herói que se deixa transportar pela via nomeada da divindade e conduzir à deusa Dique (a Justiça, filha de Têmis e Zeus, como Atena), que vigia uma porta que dá para o céu. Ela o deixa entrar, depois o herói será recebido por uma outra deusa que lhe revelará "todas as coisas", tanto o estável núcleo da verdade, como as opiniões dos mortais, às quais ele não deverá dar nenhum crédito. Essa revelação da verdade está ligada a uma doutrina sobre o ser, que diz do ser que ele é e do não ser que ele não é. Como neste caso não pode haver passagem do ser ao não ser, o devir e o movimento são impensáveis, portanto inexistentes. Certamente os pobres mortais acreditam que há devir, mas se deixam então enganar pelas aparências e pelas palavras, das quais é preciso resguardar-se.

Nem a doutrina de Parmênides, nem o pensamento heracliteano do *logos* mostram que os filósofos podiam apropriar-se da tradição religiosa com uma grande liberdade. Aliás, alguns dos primeiros filósofos criticaram o antropomorfismo. Xenófanes reprova os poetas por terem atribuído aos deuses propriedades por demais humanas: "Se os bois e os leões tivessem mãos e pudessem pintar como o fazem os humanos, eles dariam aos deuses que eles desenhassem corpos bem parecidos com os deles, os cavalos os colocariam sob a figura de cavalos e os bois sob a figura de bois"; "único e todo-poderoso, soberano dos mais fortes, deus não é semelhante a nós, nem no espírito nem no corpo; os humanos, ao fazer os deuses a sua imagem, emprestam-lhes seus pensamentos, suas vozes e seus rostos". Essa crítica do antropomorfismo vai continuar sendo um lugar comum na maioria dos filósofos, mas é preciso saber que ela é comandada por um princípio que vem da própria religião grega, o da *transcendência radical* do mundo dos deuses em relação aos humanos.

Os sofistas irão mais longe em sua crítica. Protágoras é o autor de um tratado perdido *Sobre os deuses*. A tradição dirá às vezes que ele havia negado a existência dos deuses, mas ele mesmo se diz, mais modestamente, na dúvida. Ele afirma que não se pode saber se os deuses existem, muitas coisas nos impedem de sabê-lo, entre as quais a invisibilidade deles e a brevidade da vida humana. Portanto, trata-se mais de uma confissão de modéstia do que de um ateísmo manifesto, aliás raro, se não inexistente, entre os pensadores gregos.

3. Platão: uma religião que se tornou metafísica

Os deuses são responsáveis pela ordem, pela beleza e pela virtude, mas também são transcendentes, pois habitam o Olimpo. Nem sempre eles são lembrados, mas as famosas ideias de Platão substituirão de certa forma os deuses da mitologia. E, como nela, as ideias serão reconhecíveis pela forma (*eidos*) e pela constância das coisas. Toda a nova sabedoria de Platão está fundada nessa constância do aspecto das coisas que pode ser apreendida pelo pensamento, o órgão divino em nós. Ela também será sustentada por mitos em que Platão vai reapropriar-se da tradição mítica, não sem lhe fazer severas críticas quando ela disser coisas imorais a propósito dos deuses.

Se Whitehead pode dizer que toda a história da filosofia podia ser lida como uma sucessão de notas à margem do texto de Platão, isto é ainda mais verdadeiro de sua filosofia da religião: por seu pensamento e seus conceitos, Platão é o pensador que exerceu a mais profunda influência sobre o pensamento do divino, da religião e da transcendência. A ironia é que o próprio Platão fala bem pouco dos deuses, pelo menos de maneira direta. Os deuses, ninguém jamais os viu, diz ele em seu *Fedro*. Foram os poetas que nos falaram deles, mas eles nem sempre o fizeram de modo crível. Podemos, no entanto, fazer deles uma ideia conveniente, dizendo que se trata de "viventes imortais" (246 *c*).

No pensamento de Platão vários princípios parecem ocupar o lugar do divino de maneira mais ou menos evidente: 1) primeiramente é o caso das próprias *ideias*, arquétipos da ordem e da harmonia de nosso mundo, mas 2) isso se aplica especialmente ao grande princípio da *ideia do Bem* que governa as outras ideias; 3) Platão dirá em seu *Timeu* que nosso mundo foi moldado por um artesão, um demiurgo, que teria insuflado espírito na matéria, tomando por modelo as próprias ideias. Há, portanto, três ou dois candidatos para ocupar a posição do divino em Platão: a ideia do Bem, ou as ideias em geral, e o demiurgo. A tradição cristã os identificará quando ela compreender Deus como o Bem supremo e fará dele o criador de nosso mundo. Os deuses continuam distintos em Platão, porque seu demiurgo não é absolutamente um deus criador.

4. A fundação platônica da metafísica

Platão retoma de Parmênides, mas também da tradição mítica, a separação entre dois tipos de saber, o saber de opinião e a verdade (ou a ciência), assimilando o primeiro ao saber comum dos mortais e a segunda ao equivalente de uma revelação divina (*Banquete*). A esses dois tipos de saber correspondem, e isto é bem novo, ainda que a religião permitisse pensar nisso, *dois níveis de realidade*:

1) a realidade imediatamente visível que vemos com os olhos do corpo: trata-se do mundo sensível, governado por um "rei", o sol;

2) o mundo inteligível que transparece no mundo sensível, através da beleza, da justiça, da harmonia, mas que não se pode ver propriamente, a não ser com o olho da alma, o olhar do espírito, graças a uma intuição direta, cegante para aquele que não está habituado a esse olhar. Esse mundo é por sua vez regido por um rei, a ideia do Bem.

Esses dois mundos formam o arcabouço metafísico do platonismo. Mas esta separação será retomada na "metafísica" de diversas religiões ("o céu e a terra"), que vai inspirar-se habitualmente nas delimitações platônicas: visível/invisível, sensível/inteligível, corpo/alma.

A distinção desses dois mundos corresponde a uma intenção de explicação racional. Trata-se de explicar racionalmente a ordem do mundo, da alma e da cidade, a partir dos aspectos de constância que ele manifesta (são precisamente esses aspectos de ordem que levavam os poetas a falar de uma presença do divino; Platão nem sempre será contrário a isso, porque ele próprio atribuirá às ideias os traços da permanência, da identidade, da beleza e da eternidade que eram os traços dos deuses). Aqui a razão se descobre à fronteira da religião, da filosofia e da poesia. A noção de razão opera então pelo menos em três níveis: 1) ela caracteriza primeiramente a *ordem do mundo* (pensamos no *logos* de Heráclito), regido pelas ideias: o mundo é racional porque penetrado de princípios ideais ou de essências; 2) a razão depende em seguida da própria *explicação racional* (*logon didonai*, dar razão); explicar racionalmente o mundo é partir da hipótese da ideia, da qual se deve poder dar razão de maneira rigorosa, isto é, argumentativa (ou dialética), mesmo que esse procedimento deva desembocar em uma visão pura e simples da ideia, colocada como razão última; 3) a razão designa também a *razão intelectiva*, capaz de pensar ou apreender essas realidades fundamentais, o "olho da alma" ou a inteligência.

Essa intenção de explicação racional culmina no princípio absoluto da ideia do Bem. É que a razão última que preside a ordem do mundo é estritamente sem condição (*anhypotheton*). Este *anhypotheton* ou princípio último corresponde ao que a tradição chamará de absoluto. Platão também dá a entender que se trata de um princípio transcendente (*epekeina tes ousias*), "além do ser", mas a transcendência em questão designa sobretudo, no contexto da *República* (509 *b*), a superioridade da ideia do Bem, em dignidade e em poder, em relação às outras ideias. Mas os neoplatônicos verão naturalmente aqui uma transcendência ontológica radical do princípio supremo que eles chamarão de Uno. Assim, Platão elaborou os conceitos que permitiram à filosofia da religião pensar a transcendência do divino.

Platão recorreu habitualmente a representações mais míticas para pensar a separação do sensível e do inteligível. Assim ele dirá que podíamos outrora perceber melhor as realidades divinas que são as ideias, antes que nossa alma caísse num corpo, que é como uma prisão para ela. O pensamento das ideias requer, portanto, um esforço de anamnese, que ele identifica à filosofia. O ser humano deve aspirar a desimpedir-se do elemento corporal que o arrasta "para baixo". Ele deve inclinar-se para a realidade superior e tornar-se, na medida do possível, "semelhante ao divino". É o grande tema platônico da *homoiôsis theô* (*Teeteto*, 176 *a*): o ser humano pode e deve tornar-se semelhante à divindade e, por conseguinte, fugir do que é corporal (mesmo se em outros contextos a beleza corporal possa servir de trampolim para o inteligível). Não poderíamos subestimar a posteridade desse motivo que assimila a busca do divino a uma fuga do sensível. Agostinho e uma grande parcela das religiões cristã e muçulmana se inscreverão nesta linhagem do neoplatonismo. Platão certamente não a inventou: ela já se encontrava na tradição órfica da Grécia, como em Pitágoras, mas foi ele quem a levou ao conceito.

Podemos perguntar-nos se esta conceitualização metafísica de distinções que estão em graus diversos, apropriada à esfera religiosa (visível/invisível, baixo/alto, sensível/espírito), não acaba por transformar a religião, porque esta, na esteira do platonismo, se compreenderá a si mesma de maneira cada vez mais metafísica. É que a sublimação metafísica da religião em Platão reforça nela o elemento de reflexividade ou de conhecimento, uma vez que é pelo espírito que adquirimos o conhecimento de realidades inteligíveis. A gnose (*gnôsis* = conhecimento) dos primeiros séculos de nossa era fará disso seu prazer. Mas se a religião depende mais do conhecimento (do que do culto, por exemplo), qual é seu estatuto? Será que este "conhecimento" é comparável ao conhecimento que temos das realidades matemáticas ou sensíveis? A posteridade metafísica de Platão deverá por conseguinte esclarecer esse estatuto epistêmico da religião que se tornou mais problemático (o termo "fé", *pistis*, cumprirá imediatamente esta tarefa, enquanto o termo ainda designava, em Platão, apenas a certeza sensível). Mas será que este reforço do elemento cognitivo, por mais firme que seja, não relega à sombra elementos que sempre fizeram parte da religião – o culto, o mito, o estatuto imemorial – e por conseguinte não questionados do religioso? Não há dúvida de que são desenvolvimentos importantes, até mesmo cruciais, que transformarão até a compreensão que a religião tem de si mesma. Mas essas metamorfoses do religioso, provenientes de sua metafisicação, ainda são estranhas a Platão, que não chega a distinguir tão nitidamente as esferas do religioso e da filosofia e não teme inspirar-se na herança da tradição mítica para apresentar suas ideias.

Assim, pois, muitos textos e mitos de Platão tratam da sorte que espera a alma depois de sua morte: as almas comparecerão então diante de um tribunal instaurado por Zeus, onde serão julgadas por juízes imparciais. Elas serão despidas de seus corpos a fim de não serem julgadas em função de suas aparências e do prestígio que estava associado a elas. Só contará o bem e o mal que tiverem feito. As almas boas serão enviadas para a ilha dos bem-aventurados, o equivalente a um paraíso, enquanto as outras serão expedidas para a região subterrânea do Tártaro, onde algumas serão julgadas curáveis, outras incuráveis, e receberão penas correspondentes (*Górgias*, 526). A ideia de um juízo final inspirou-se nesses mitos que reconhecem um sentido e um destino futuro para a vida humana: cada um deve viver sua vida como se ela devesse ser julgada.

Se Platão foi um grande fundador de conceitos e de mitos, ele fez jus à experiência mais *mística* da realidade superior. O princípio último da ideia continua indizível e só pode ser o objeto de uma contemplação direta. A ideia não pode ser vista senão num instante repentino, mas que nos cumula de felicidade, porque é nesse momento preciso, e divino, que a vida vale a pena ser vivida (*Banquete* 211 *d*). A alma encontra-se então saciada da realidade divina. Mas Platão sabe que a argumentação filosófica não é a única via que leva a esse estado. A elevação à realidade superior comporta também algo de erótico. Pelo amor, que é um delírio vindo dos deuses (*Fedro*, 245 *b*), estamos fora de nós, em transe (*mania*), porque transportados por uma outra realidade. Toda a mística se nutrirá dessas passagens.

A experiência do amor nos faz lembrar as ideias que podíamos ver em existências anteriores, quando nossas almas seguiam o sublime cortejo dos deuses. Os deuses são de fato viventes imortais que formam uma prodigiosa procissão, dirigida por Zeus, seguido dos olímpicos, que passam sua vida a contemplar as realidades eternas que se encontram em um lugar supraceleste. "Esse lugar supraceleste", dirá Platão, "nenhum poeta ainda, daqueles daqui de baixo, cantou hino em sua honra, e ninguém cantará jamais um hino que seja digno dele" (*Fedro*, 247 *c,* Robin). Isso nos mostra que Platão não é apenas o pai da mística, mas também da teologia negativa, tão determinante para a filosofia da religião: deuses, ninguém pode falar deles de uma maneira que seja digna. É verdade que alguns poetas são hábeis em fazê-lo, mas nem sempre têm dito coisas digas do divino. Eles também devem ser censurados em nome de uma concepção mais pura do divino.

5. A crítica da tradição mítica: a agatonização do divino

Platão não faz objeção a que os poetas (Homero, Hesíodo) falem dos deuses. Eles o fazem às vezes de maneira muito justa, mas não raramente seus relatos são francamente chocantes, porque indignos dos deuses. No segundo livro da *República*, Platão fará duras críticas a esses relatos que ocupam um lugar importante na educação dos gregos. Neles está em questão a formação que devem receber os guardiões da cidade ideal que se trata de fundar. É evidente que não se deveria contar-lhes histórias mentirosas, como as que as boas mães contam aos filhinhos no berço (*República*, 377 *b*; *Leis*, 887 *d*). Ele se refere aos relatos de Homero e de Hesíodo, que atribuem aos deuses indigências humanas, humanas demais, quando nos fazem crer que teria havido uma guerra entre os deuses e que Crono teria mutilado seu pai Urano, antes de ser expedido ao Tártaro por seu filho Zeus. Isso são comportamentos que se podem atribuir aos Imortais?

Dos deuses só se pode dar uma imagem boa, decide Platão. A única maneira de falar deles é falar bem: "Mas a realidade da bondade não pertence ao que é Divindade e, de fato, não é conforme esse princípio que devemos falar deles? Na verdade, no mundo do que é bom (*agathon*), não pode, porém, ter nada que seja prejudicial" (*República*, 379 *b*, Robin).

Um verso de Homero diz que haveria à porta de Zeus "dois tonéis cheios de sortes, que são boas em um deles e más no outro", e que todos os nossos males e nossa felicidade decorreriam dessas sortes. Será que os deuses são então responsáveis por nossos males? Seria blasfematório pretender que o sejam. A divindade não é a causa de todas as coisas, mas apenas das que são boas. Não se pode dizer que a divindade tenha realizado ações injustas, a menos que se descubra uma justificação para essas ações (*logos*, 380 *a*), o que abre a porta para uma interpretação moral e alegórica do agir divino: o que pode parecer chocante à primeira vista pode ser entendido em um sentido moral.

Platão completa, por essa via, se nos permite o neologismo, uma "agatonização" do divino, sua racionalização, se preferirmos: o divino é a sede da bondade (*agathon*) e só é responsável por ela. Se os poetas, levados por sua imaginação, falam outra coisa dos deuses, é preciso censurá-los. Esta é uma conquista importante da *filosofia* da religião: a reflexão filosófica e, por conseguinte, racional, sobre a religião não permite que se fale do divino de uma maneira que não seja digna dele. Sendo assim, poderíamos temer que a filosofia dite suas condições de racionalidade à religião, mas este critério de bondade e de razão vem primeiro da própria religião grega. Foi ela que nos ensinou que o mundo da divindade era o mundo da bondade. A filosofia apenas exige que a religião seja consequente com ela mesma.

É bom notar que é neste contexto preciso que Platão será o primeiro a empregar o termo *teologia* (379 *a*): "Para nós, a questão é precisamente saber quais podem ser as formas apropriadas *quando se trata dos deuses*". A *teologia*, o discurso sobre os deuses, tem sido principalmente o apanágio dos poetas. Já é hora de a filosofia ter sua palavra a dizer.

6. Platão e a religião da cidade

Eutífron. O mestre de Platão, Sócrates, foi acusado de impiedade, crime supremo, uma vez que coloca em questão os fundamentos da cidade. Para Platão, sempre se tratou de uma acusação perversa feita por indivíduos infinitamente menos piedosos do que Sócrates.

Ele o dá a entender em seu diálogo aporético de juventude, o *Eutífron,* aporético porque não chegou a nenhum resultado definitivo, mas suas lições são claras. Nele, Sócrates discute com um adivinho que processa seu próprio pai por impiedade. Que crime cometeu ele? Um dia, um dos empregados de seu pai degolou um escravo. Seu pai o fez atar de mãos e pés e jogar numa fossa que lhe servia de prisão, enquanto enviava um mensageiro para informar-se junto de um exegeta sobre o que deve ser feito com o assassino. Mas este morre em consequência da situação em que foi deixado, antes que o mensageiro volte. Eutífron acha então que seu pai é culpado de homicídio e instaura um processo por impiedade contra ele... É então um grande mestre da "piedade" e que promete instruir Sócrates (*of all people*) a respeito de sua essência. Mas o desenrolar do diálogo deixa o leitor adivinhar que a verdadeira impiedade se encontra naquele que processa seu próprio pai por um crime tão duvidoso, e que a impiedade se encontra às vezes naqueles que fazem acusações de impiedade, como foi o caso dos acusadores de Sócrates. Várias definições da piedade serão então debatidas nesse diálogo. Eutífron afirma em certo momento: o que é piedoso é o que é agradável aos deuses. Surge então o problema, apontado por Sócrates: o que é piedoso é amado pelos deuses porque é piedoso, ou será que por ser amado por eles é que se torna piedoso? Há aqui um círculo que parece associar a piedade a uma forma de cálculo: é preciso ser piedoso porque se pensa que isso agrada aos deuses?

Um problema também grave aparece quando se propõe que a piedade é o cuidado que se tem dos deuses (*therapeia theôn*). Sócrates se pergunta então se os deuses têm de fato necessidade de que se cuide deles. Desejaríamos, por acaso, torná-los melhores? Que utilidade poderiam eles tirar de nossas oferendas?

A moral é límpida: a piedade em relação ao divino não só não é uma questão de comércio (os deuses não têm necessidade de nossas ofertas), como também não é de um adivinho que processa seu próprio pai por um "homicídio involuntário" que se aprenderá o que é a piedade.

Leis. Se Platão critica Homero e Hesíodo, ele sempre mostrou muito respeito pelos cultos da religião oficial, como comprova seu último diálogo, que é também o mais longo, as *Leis*, consagrado à instituição das leis da cidade ideal. Aliás, suas primeiras linhas evocam o divino, quando o estrangeiro ateniense coloca sem rodeios a questão: "É a um deus, estrangeiros, ou ao um homem que atribuis a instituição de vossas leis?" A resposta é unânime: a um deus, se é verdade, como o quer a antiga tradição, que a divindade "tem em mãos o começo, o meio e o fim de tudo o que existe". Portanto, os primeiros deveres serão para com a divindade, a qual é "a medida de todas as coisas", e ela o é muito mais do que, no dizer de alguns (Protágoras é apontado), este ou aquele homem (716 *c*). Esses deveres correspondem amplamente aos da religião ancestral: "Para o homem de bem, sacrificar aos deuses, ter com eles um comércio constante por meio das orações, das oferendas, por tudo o que no conjunto comporta o culto aos deuses, eis o que é o mais belo, o melhor, o mais eficaz em relação à felicidade de sua vida" (716 *d*). Retenhamos este vínculo entre a religião e a felicidade, porque os deuses irão muitas vezes de par para um amplo lado da filosofia da religião.

Leis estritas deverão ser promulgadas contra a impiedade, porque, se o homem mantém que os deuses existem, ele jamais cometerá o ato ímpio. As *Leis* julgam que a impiedade tem lugar em três circunstâncias:

1) se cremos (*hegoumenos*) que os deuses não existem;

2) se cremos que eles existem, mas que não se preocupam com a sorte dos seres humanos;

3) se pensamos que eles se deixam dobrar ou seduzir por meio de sacrifícios ou de orações.

Se a primeira forma de impiedade merece reter a nossa atenção, é que ela faz intervir um verbo que exprime a crença (*hegeomai*). Muitas vezes se alega que essa crença não existia, mas sem razão, entre os gregos. O verbo *hegeomai*, seguido de uma proposição infinitiva (*tina ti*), que é o equivalente de uma subordinada, quer dizer considerar, julgar, estimar que... (aqui: que os deuses existem). Ele não se limita à esfera religiosa (por exemplo, mesmo no *Novo Testamento*, o verbo será utilizado, 2Tm 3,5, para dizer que se "tem alguém por um inimigo"). A melhor maneira de traduzi-lo é dizer que "mantemos que os deuses existem". O acento recai sem dúvida menos sobre o ato de crer (pelo menos na época de Platão) do que sobre a proposição subordinada que segue: mantemos que há deuses, que eles se ocupam de nós... Mas dizer que os gregos ignoravam toda noção de crença, é ir longe demais ou ignorar um testemunho tão patente como as *Leis* de Platão.

Para contrariar aqueles que queriam pôr em questão a existência dos deuses, convém elaborar demonstrações da existência dos deuses. Platão encontra essas provas tanto na ordem do mundo, e mais particularmente no movimento regular dos astros, como no fato de que gregos e bárbaros admitem (886 *a*: *nomizein*, admitir, crer...) a existência dos deuses.

A prova mais patente, para Platão, como para os gregos e latinos, está na constância admirável dos astros, cujo movimento eterno é tão perfeito que não pode ter por causa senão deuses. Este argumento sobrevive na admiração que ainda hoje é suscitada pela ordem do mundo (basta pensar em Einstein). Platão vê nela uma outra prova na primazia da alma sobre o corpo: se o corpo é movido pela alma, é porque ele vem em segundo lugar. Nossas almas existiram, portanto, antes de abismar-se neste ou naquele corpo. Formuladas tais provas, Platão é o primeiro a praticar a teologia racional, ou a filosofia da religião, entendida como justificação argumentada das grandes crenças da religião.

Mas Platão não combate unicamente aqueles que contestam a existência dos deuses, ele incrimina aqueles que pensam que os deuses não se ocupam com os humanos. Isso equivale para Platão a acusá-los de indolência e negligência. Se os artesãos mais modestos se preocupam com suas obras, com mais forte razão esse será o caso dos deuses. Há, portanto, uma providência. A questão de saber se os deuses são providentes ou não em relação a nós dominará a filosofia da religião depois de Platão e Aristóteles. Ela oporá os epicureus, que vão tirar argumento da transcendência radical do divino para dizer que os deuses não se preocupam conosco, aos estoicos, que se apoiarão nos argumentos platônicos e em sua própria visão finalista do universo.

Platão critica enfim aqueles que creem que os deuses existem e se ocupam de nós, mas que acham que eles se deixam dobrar ou corromper por oferendas. Os deuses não têm necessidade de nossos presentes. Os que cometem a injustiça não podem conseguir seus favores através das orações ou das ofertas. O melhor culto que se pode prestar ao divino consiste em praticar a justiça. Não resta nenhuma dúvida aos olhos de Platão de que foi esse culto que Sócrates praticou melhor do que qualquer outro. Dessa forma, ele prefigurou uma religião que é antes de tudo moral.

7. Aristóteles: a racionalização do divino e da tradição mítica

Aristóteles é o outro grande gigante do pensamento grego. Ele marcou com seu pensamento a tradição da metafísica, mas, nos textos dele, que nos foram conservados, ele pouco falou da religião ou do divino tal como foi transmitido pela mitologia. Mas ele se serve da representação herdada do divino para apresentar sua ideia de uma ciência dos primeiros princípios, que será chamada pela tradição de "metafísica". Podemos perguntar-nos, diz Aristóteles, se esta sabedoria que trata das primeiras causas pode ser uma possessão humana. Esta ciência das realidades primeiras seria, pois, de preferência, "divina", em dois belos sentidos que Aristóteles distingue expressamente (*Metafísica*, A, 2):

1) essa ciência seria divina porque é ela que Deus possuiria (ele terá o conhecimento das causas primeiras);

2) ora, na opinião corrente, diz-se também de Deus que ele é causa de todas as coisas e um princípio (ele seria assim o *objeto* dessa ciência).

Portanto, a ciência metafísica é divina, tanto em razão de sua *dignidade* como de seu *objeto* (tendo por objeto as causas últimas, dificilmente ela poderá não tratar do divino). Nos textos fundadores de sua metafísica, Aristóteles nem sempre dirá, porém, que Deus constitui seu objeto privilegiado (falando de preferência dos primeiros princípios ou do ser enquanto ser), mas ele afirma em um texto do livro VI (E, 1) que a ciência que trata do divino e que ele chama aqui de "teológica" é uma ciência "universal porque primeira": uma vez que ela trata do primeiro princípio de todos os seres, ao qual todos os outros são suspensos, pode-se dizer que ela trata de tudo o que existe.

A ciência primeira do *princípio* de todos os seres seria por isso mesmo a ciência universal de tudo o que existe.

O que surpreende em Aristóteles é que seu enfoque do divino seja tão racional ou científico. Nele o divino é considerado, à primeira vista, como princípio de explicação do movimento das esferas celestes. Um fragmento de seu *De philosophia*, perdido, diz que haveria, segundo ele, duas causas para a existência do divino: a *regularidade* dos astros e a *divinação,* isto é, a capacidade da alma de predizer o futuro. Se ele faz eco às *Leis* de Platão falando da constância dos astros, sua alusão à divinação, na qual Platão também via uma dispensação divina, concorda com a visão religiosa do mundo grego: em um mundo cheio da presença dos deuses, tudo pode ser considerado como um sinal divino.

8. A metafísica do espírito

Toda a "filosofia da religião" de Aristóteles encontra-se em um breve tratado que se tornou o livro XII, ou *Lambda*, o qual os editores ulteriores denominaram sua *Metafísica*. Texto determinante porque nele se trata da concepção aristotélica do princípio do movimento dos astros (portanto, do divino) e, brevemente, da concepção que Aristóteles podia fazer-se da tradição mítica.

Como no último livro de sua *Física*, Aristóteles mostra nesse texto que é necessário admitir a causalidade de um primeiro motor, se quisermos explicar o movimento eterno dos corpos celestes segundo esferas perfeitas. Esse movimento eterno deve ter uma causa que também é eterna, o primeiro motor (literalmente, o primeiro movente). A causalidade que ele exerce não é "eficiente", porque ela não começou a certo momento, uma vez que é eterno o movimento a explicar. Sua causalidade depende muito mais da ordem da finalidade: as esferas giram porque elas imitam ou "amam" o primeiro motor. A causalidade, por assim dizer, não se exerce de cima para baixo, mas de baixo para cima.

É importante notar que se trata aqui de um deus (porque esse primeiro princípio é o que se chama comumente "deus", observa Aristóteles) que é exigido pela razão ou pela filosofia, de um "deus dos filósofos", e não de um deus ao qual se poderia dirigir preces. O deus de Aristóteles só é exigido para explicar o movimento regular dos astros, por isso haverá tantos deuses quantos movimentos regulares, isto é, 55.

Aristóteles interrogou-se sobre a atividade do primeiro movente, do qual se sabe que deve ser um ato puro, porque toda dimensão de poder ou de passividade lhe é estranha. Se sua atividade deve ser a mais alta possível, só poderá tratar--se de uma atividade de pensamento. Mas o que ela pensará? Com certeza, o que há de mais nobre. Portanto, o primeiro motor não poderá senão se pensar a si mesmo. Pode-se daí concluir que Deus não sabe nada de nosso mundo. Seria uma humilhação para ele preocupar-se conosco (nessa acepção, os epicureus seguirão Aristóteles). Com isso Aristóteles lega à filosofia da religião uma herança decisiva:

1) Ele afirma primeiramente a transcendência radical do primeiro motor em relação a nosso mundo. A ideia do Bem era transcendente em Platão, mas ela se encontrava em nosso mundo ("cheio de deuses", dizia Tales), do qual os deuses também cuidavam. Esse cuidado parece indigno do divino para Aristóteles. Portanto, Gadamer tem razão quando afirma que Aristóteles – que não cessa de criticar em seu mestre Platão a separação das ideias em relação a nosso mundo – talvez seja o verdadeiro pensador da separação, quando propõe a soberana transcendência

do primeiro motor (Grondin, 2004, 113). Esta é uma questão importante para uma filosofia da religião: o divino é imanente ou rigorosamente transcendente a nosso mundo? Para Aristóteles, só pode, com todo rigor, ser transcendente.

2) O outro legado capital consiste em pensar esse primeiro motor como um puro espírito pensando-se a si mesmo. Aristóteles funda por esse lado o que H. Krämer chamou de metafísica do espírito. Sem dúvida, a mitologia grega já associava a sabedoria e a inteligência aos olímpicos. Mas a concepção aristotélica, mais ponderada, do divino como um pensamento do pensamento (*noesis noeseôs*) tem importantes consequências. Ela sublinha não apenas que o divino é uma pura realidade espiritual, mas propõe que sua atividade por excelência é a do pensamento e, por conseguinte, da razão. Em princípio, Deus é considerado como razão suprema. Em Aristóteles, isso ainda não quer dizer que o mundo "decorre" do pensamento de Deus – como admitirá Maimônides ou Leibniz – porque Deus não conhece nosso mundo. Mas, por aí, supõe-se em Deus, e em seu pensamento, um princípio de racionalidade última, donde surgirá mais tarde, nos epicureus, o problema filosófico da teodiceia: se Deus encarna a razão suprema, por que ele permitiu o mal? Em certo sentido, o ateísmo será uma resposta a este desafio: um mundo que autoriza o mal é incompatível com um Deus pensado como razão suprema, portanto Deus não existe. Aqui se encontra pressuposta a racionalidade integral do divino.

9. A desmitologização de Aristóteles

Aristóteles também fez época em filosofia da religião quando afirmou categoricamente que essa concepção racional do divino constituía o *fundo de verdade* da tradição mítica. Assim ele praticou, antes do estado definitivo, uma "desmitologização" dessa herança, isto é, uma leitura crítica do mito que distingue nele um núcleo mais racional e o que depende da fábula, destinada às massas. Essa desmitologização só se encontra em uma passagem do livro *Lambda*, mas é particularmente valiosa, se é verdade que toda filosofia da religião deve fazer um esforço de desmitologização; a saber, uma compreensão ponderada do que se trata no mito:

> Uma tradição transmitida da Antiguidade mais remota, e legada, sob forma de mito, às épocas seguintes, ensina-nos que as primeiras substâncias são deuses, e que o divino abarca a natureza inteira. Todo o resto dessa tradição foi acrescentado mais tarde, sob uma forma mítica, para persuadir as "massas" e para servir às leis e ao interesse comum [...]. Separando do relato seu fundamento inicial e considerado-o isoladamente, a saber, a crença de que todas as substâncias primeiras são deuses, então se pensará que isto é uma asserção verdadeiramente divina [...]. Tais são portanto as reservas sob as quais aceitamos a tradição de nossos pais e de nossos mais antigos antepassados (*Metafísica*, 1074 *b* 1-14, Tricot).

Essas reservas serão, em certo sentido, as de toda filosofia da religião. Ela se encontra diante de uma herança imemorial, na qual deve levar em conta o que pode ser admitido pela razão e o que só depende do mito. Mas deve-se notar aqui que o critério do que é racional no mito procede dele: foi ele que nos ensinou que o divino era transcendente e servia de princípio a nosso mundo.

10. O impulso da filosofia da religião no helenismo

As escolas pós-aristotélicas (ceticismo, epicurismo, estoicismo) mantêm-se à sombra das grandes filosofias da religião de Platão e Aristóteles. As obras dessas escolas só foram transmitidas de modo lacunar. Elas também não constituem um verdadeiro eldorado para a filosofia da religião, na medida em que as questões filosóficas da religião que permaneciam como tais bem periféricas em Platão e Aristóteles são nelas abertamente debatidas. Esses debates foram retomados pelos autores latinos, depois transmitidos à Idade Média e à modernidade. Se Platão e Aristóteles forjaram os grandes conceitos metafísicos dessas escolas, é nelas que se pode encontrar o berço da filosofia da religião.

As escolas do helenismo estão conscientes da distância que as separa dos filósofos clássicos, mas também da tradição mítica. É uma tradição que Platão e Aristóteles haviam criticado. A fim de salvaguardar seu sentido moral, o estoicismo vai propor uma interpretação alegórica. Assim, a figura de Zeus – como nos ensina um dos raros fragmentos do estoicismo antigo que foi conservado, o "Hino a Zeus", de Cleanto – será vista como uma personificação da razão que governa a natureza e à qual é preciso submeter-se. Por meio dessa leitura alegórica, a filosofia fez uma reinterpretação racional e sistemática da herança mítica da qual ela procede.

Porém, em um sentido mais profundo ainda, a filosofia e a religião mudam um pouco de estatuto no curso desse período: nelas a salvação pessoal do indivíduo se torna preponderante. Em todas as escolas, a filosofia busca não tanto penetrar os princípios do mundo, como em Platão e Aristóteles, mas assegurar a tranquilidade da alma (ataraxia) do indivíduo, passando-se a compreender a filosofia antes de tudo como uma busca de felicidade. Cada uma das escolas proporá sua própria via e seus próprios "exercícios" espirituais, que têm por fim afastar o indivíduo das coisas que não podem ser mudadas e dirigir sua atenção para a realidade mais essencial. Essa transformação afeta a religião como tal, que passará a ter cada vez mais a tendência de apresentar-se como um caminho que conduz à felicidade. Os historiadores da religião mostraram muito bem que se passou do helenismo de uma religião ritual e cívica, que ainda atribuía uma grande importância aos sacrifícios animais, a uma religião mais voltada para o engajamento da pessoa e da fé.

Essa interiorização da religião é crucial, pelo menos por duas razões:

1) em um sentido essencial, pode-se dizer que aqui, e pela primeira vez, *religião e filosofia se confundem*: ambas devem levar a uma forma de felicidade ou de salvação. Também não é por acaso que os Padres da Igreja verão na mensagem evangélica uma resposta à busca de sabedoria que é a filosofia. Como essa resposta satisfaz todas as expectativas do ser humano, as outras vias que pretendem levar à sabedoria serão naturalmente condenadas como heréticas. Religião e filosofia terão de separar-se mais tarde ou até opor-se, mas algo de sua simbiose helenística subsiste quando esperamos que o filósofo nos dê lições de sabedoria e que ele responda à questão do sentido da vida;

2) essa tradição dos exercícios espirituais que deve conduzir à sabedoria, da qual tanto falaram P. Hadot e M. Foucault, conduz a um aprofundamento, talvez até a uma descoberta da interioridade, que será determinante para a sequência do pensamento ocidental e sua filosofia da religião. A religião se

tornará cada vez mais uma questão de crença ou de fé, isto é, de uma relação pessoal com o divino. A ritualidade, essencial a todas as religiões anteriores, vai tornar-se mais secundária ou se transformará em trabalho da alma sobre si mesma. Sem dúvida, as escolas de helenismo se oporão em suas concepções do divino (que é providente para os estoicos e que não se ocupa de nós humanos para os epicureus) e da felicidade (a virtude para os primeiros, o prazer para os segundos), mas sua fusão da filosofia e da religião e sua descoberta da interioridade farão época na história do pensamento.

5. O mundo latino

1. A religião, uma palavra latina

A melhor resposta à questão de saber o que é a religião, a mais banal, consiste em dizer que se trata de uma palavra latina. O termo comporta diversos sentidos de grande valor e, mais importante ainda, autores latinos de primeira categoria (entre os quais Cícero, Lactâncio, Agostinho e Tomás) se debruçaram sobre seu sentido e sua etimologia.

1) O termo designa em primeiro lugar a obrigação e sobretudo a *obrigação de consciência*, o dever, a moderação. Em um célebre estudo, embora errôneo em certos pontos, Benveniste chamou a atenção para a expressão comum *religio mihi est*, que exprime o escrúpulo da consciência: para mim é um dever (uma "religião") não fazer isto ou aquilo, alguma coisa me impede de fazê-lo.[1] Agostinho se recorda desse sentido fundamental quando diz em sua *Cidade de Deus* (10,1) que no melhor latim (o que seus contemporâneos teriam esquecido...) o termo *religio* não é reservado ao culto de Deus, mas designa "o respeito devido ao que aproxima, ao que une os seres humanos", de sorte que se pode dar provas de "reli-

---
[1] E. Benveniste, *Le vocabulaire des institutions européennes*, Minuit, 1969, t. 2, 270.

gião" diante de parentes e amigos. A religião exprime aqui o sentido do dever e da lealdade.

Ora, o termo *religio* também aponta para o que *funda* ou motiva esta obrigação, a saber:

2) *A crença*. A *religio* designa aqui o laço que une o ser humano com a divindade no sentido em que nós o entendemos, o sentimento religioso, a piedade. Vivendo em um império pluriétnico, no qual vários cultos eram praticados, os romanos sabiam no entanto que as crenças e os cultos eram múltiplos. Daí talvez a distância deles em relação ao religioso, que lhes permitiu formar o conceito de *religio*. Eles suspeitavam que diversas formas de crença eram puramente supersticiosas. Por isso o termo *religio*, em uma importante variante desse segundo sentido, designa muitas vezes em latim a simples *superstição*. Quando se diz de alguém ou de um povo que ele agiu segundo uma "religião" particular (*religione aliqua*), muitas vezes se quer dizer que eles obedecem a alguma crença supersticiosa (a dos gauleses, dos celtas etc.). Também não é por acaso que um autor como Agostinho falará no título de uma de suas obras de juventude "Da verdadeira religião". A expressão pressupõe que existem religiões falsas.

2. A religião segundo Cícero: a reler atentamente

Autores latinos propuseram etimologias célebres do termo *religio*. Se podemos colocar em dúvida sua cientificidade, seu sentido é importante para compreender a ideia de que os filósofo latinos podiam fazer da religião.

Em seu *De natura deorum* (2, 71-72), Cícero (106-43) faz o termo derivar do verbo *relegere*, que quer dizer "reler" (e não, como o diz muito depois Benveniste, "recolher"). Cícero distingue primeiro a *religio* da *superstitio*, mesmo se o latim, e inclusive o de Cícero, associa muitas vezes a *religio* à superstição. Mas a distinção pode realmente ser feita.

Cícero explica o sentido da *superstitio* propondo uma etimologia sem dúvida bem fantasista: "Chamou-se de supersticiosos (*superstitiosi*) aqueles que durante dias inteiros fazem orações e sacrifícios para que seus filhos lhes sobrevivam (*superstites essent*)". O *superstis* é a testemunha que sobrevive, o sobrevivente, do verbo *superstare*, "manter-se acima de". O supersticioso é, pois, aquele que está pronto para recitar todas as orações e fazer os sacrifícios na esperança de que seus filhos "sobreviverão".

Segue o célebre texto que distingue a *religio* daqueles que podem ser chamados os *religiosi*, os "religiosos": "Ora, aqueles que examinam com cuidado tudo o que se refere ao culto dos deuses e por assim dizer o 'releem' (*qui autem omnia quae ad cultum deorum pertinerent diligenter retractarent et tamquam religerent*), estes foram chamados religiosos".

Nos dois casos, a superstição, como a religião, tem a ver com o culto dos deuses. Mas a grande e crucial diferença é que se chama "religiosos" aqueles que se dão o trabalho de examinar (*retractare*) com cuidado (*diligenter*) tudo o que se refere ao culto dos deuses e por assim dizer de "relê-lo" (*tamquam relegerent*). Todas essas palavras são importantes:

Retractare é tocar de novo, portanto repassar em seu espírito, revisar, retratar.

Diligenter (com cuidado): advérbio importante, porque é justamente esta atenção que distingue, segundo Cícero, a religião da superstição: os religiosos abordam com circunspecção essas questões, o que não fazem os *superstitiosi*.

Relegere (reler): o termo é precedido de um *tamquam* instrutivo, "por assim dizer": os religiosos são aqueles que estudam com cuidado essas questões e que por assim dizer as "releem". Reler é examinar com um cuidado redobrado. Pressente-se que o retórico Cícero examina aqui de perto o jogo de palavras, anunciado pelo *tamquam*, como o fez com *superstitio*, derivado de *superstis*, "sobrevivente". A sequência imediata do texto explica o sentido desse laço entre a *religio* e o verbo *relegere*, o "reler atento":

> "... eles são portanto chamados religiosos, do verbo reler (*ex relegendo*), assim como elegantes vêm do verbo escolher (*elegantes ex elegendo*), diligentes do verbo *diligere* (tomar cuidado), inteligentes de *intellegere* (compeender) (*ex intellegendo intellegentes*)".

A comparação estabelecida com outros termos derivados de *legere* é ainda mais clara porque todos esses termos comportam equivalentes: religião vem de reler (com diligência), elegante de eleger (escolher com cuidado) e inteligente de inteligir (apreender com atenção). Todas essas atividades de leitura ou de "escolha" têm uma qualidade comum:

> "Podemos de fato encontrar em todas essas palavras a mesma capacidade de ler (ou de escolher)", *his enim omnibus inest vis legendi eadem quae in religioso*. A religião se distingue portanto (da superstição) por sua capacidade de ler atentamente e por conseguinte escolher (o que no culto depende da simples superstição e o que depende de uma reflexão diligente). Assim, conclui Cícero, "os termos supersticioso e religioso se tornaram um deles pejorativo (*nomen vitii*), o outro um termo de louvor (*laudis*)".

A grande virtude da religião, que a distingue da superstição, é que ela examina com cuidado, portanto ela "relê" (*relegere*), se podemos utilizar a expressão (e Cícero se mostra consciente do caráter um pouco forçado de sua explicação, porque ele a faz preceder de um *tamquam*), todas as coisas que se referem ao culto dos deuses. Se a superstição é um vício, a religião é um termo de louvor, porque ela procede de uma leitura e por conseguinte de uma escolha refletida e atenta. Dessa forma, a religião se caracteriza por sua relação refletida, prudente e ponderada com o culto dos deuses.

Aqui três coisas merecem ser sublinhadas:

1) ao contrário de um preconceito tenaz e sem cessar retomado desde Benveniste, Cícero *não diz* aqui que *religio* vem de recolhimento ou escrúpulo (é Benveniste que interpreta o termo nesse sentido, apostando muito na expressão *religio mihi est*, à qual Cícero não faz alusão neste contexto). A *religio pode* exprimir o escrúpulo de consciência em latim, mas o texto do *De natura deorum* propõe uma outra explicação do termo, a qual pode a rigor fundar o escrúpulo de consciência: a religião nasce de uma "releitura" atenta e circunspecta (*diligenter*) das coisas divinas, como a que tem lugar em *elegere* (escolher), *diligere* (tomar cuidado, amar) e *intellegere* (compreender);

2) o outro preconceito obstinado pretende ver neste texto uma "definição" da religião (como recolhimento...). Não se trata absolutamente disso: Cícero busca de preferência distinguir a religião da superstição, dizendo de uma que ela é idólatra e da outra que ela é mais digna de respeito, porque consiste em uma releitura atenta, em uma leitura renovada (*a frequenti lectione*), dirá Tomás de Aquino (ST I, q. 81), que, depois de Agostinho, apreenderá bem o sentido do texto de Cícero;

3) por conseguinte, trata-se de uma concepção rigorosamente *filosófica* da religião, defendida por Cícero: ele desconfia de uma retomada puramente supersticiosa dos cultos transmitidos e disputa em favor de uma religião que depende de

uma *leitura ponderada* das questões divinas. É uma maneira de dizer que a filosofia faz intrinsecamente parte da religião bem-compreendida. Uma "religião" sem filosofia permanece supersticiosa ou crédula.

Se quisermos invocar uma definição da religião em Cícero, é a do *De inventione* (2, 161) que devemos citar, aquela que também Tomás vai utilizar em sua *Suma Teológica*, segundo a qual a religião é "o fato de preocupar-se com certa natureza superior que chamamos divina e de lhe prestar um culto" (*religio est quae superioris cuiusdam naturae quam divinam vocant curam caerimoniamque affert*). Mas esse cuidado (*cura*) e esse culto (*caerimonia*) devem basear-se, no caso da religião, em uma leitura atenta.

Como ensina o tratado de Cícero sobre *A natureza dos deuses*, essa leitura atenta também é a que fazemos dos sinais divinos que a natureza nos prodigaliza. Em nome da confrontação ponderada das ideias, que corresponde a sua concepção e sua prática da filosofia, a obra é um diálogo que apresenta sucessivamente as concepções de um epicureu (Veleio), de um estoico (Balbo) e de um cético (Cotta) sobre a natureza dos deuses: a questão que nesse diálogo é debatida é a de saber se os deuses, cuja existência geralmente é admitida, ocupam-se ou não com as questões humanas. O estoico Balbo se apoia na prodigiosa finalidade da natureza para mostrar que isso é evidente, enquanto o epicureu Veleio acha que os deuses são justamente tidos como bem-aventurados e devem por conseguinte ser isentos desse cuidado, pois o mundo teria sido feito só pela natureza. Cícero só revela na última linha de seu diálogo que é a exposição de Balbo que lhe parece a mais próxima da verossimilhança. É que a propósito do divino não se pode esperar mais do que a verossimilhança. O estoicismo de Balbo e de Cícero (que se considera geralmente o mais próximo dos céticos) nomeia quatro causas da existência dos deuses:

1) a primeira vem da previsão do futuro, a *divinação*; descobre-se uma grande quantidade de sinais divinos no mundo, mas que os humanos, às vezes, é verdade, interpretam mal; portanto é a eles, e não aos deuses, que os erros da divinação devem ser imputados;

2) em seguida, como ignorar os inúmeros *benefícios* dos deuses que proveem nosso bem? Eles são responsáveis por "nosso clima temperado, pela fertilidade da terra e pela abundância de tantas outras comodidades" (2. 4. 12). A carne dos peixes é tão saborosa, dirá Balbo, que poderíamos quase dizer de nossa Providência que ela é epicureia...;

3) uma outra prova da existência dos deuses encontra-se nos *prodígios naturais*, como o raio, as tempestades, os terremotos e os cometas, que só podem ser atribuídos a potências superiores;

4) a última causa, que também é a mais importante, é contudo "a regularidade do movimento e a revolução tão constante do céu, a singularidade, a utilidade, a beleza e a ordem do sol, da lua e de todos os astros: a visão dessas coisas, por si só, mostra muito bem que elas não são devidas ao acaso" (2. 5.15).

Todos esses fenômenos testemunham uma potência superior, porque eles não são obra do ser humano. Segundo Balbo, quem quisesse negá-lo seria completamente insano: "O que pode haver de mais evidente, quando olhamos para o céu e contemplamos os corpos celestes, do que a existência de um poder divino, dotado de uma inteligência superior que os governa? [...] Se duvidamos disso, não consigo compreender por que não poderíamos também duvidar da existência do sol: de fato, em que esta última evidência é maior do que a primeira?" (2. 2. 4).

Sobre a questão central da providência dos deuses, Cícero julga que a atitude dos estoicos parece mais sensata do que a dos epicureus: se os deuses não se ocupam conosco, como acreditam os epicureus, " o que vêm a ser a piedade e a observação escrupulosa dos deveres religiosos" que estão no fundamento da coisa pública?

3. O laço religioso segundo Lactâncio

Existe em latim uma outra etimologia do termo *religio*, combatida por Benveniste e sem dúvida porque ela se impôs no mundo cristão. É a etimologia proposta por Lactâncio (v. 250-325), um apologeta cristão do século III, em suas *Divinae Institutiones* III, 9.

À diferença de Cícero, Lactâncio faz *religio* derivar do verbo *religare*: religar (*ligare*: ligar): "O termo *religio* foi tirado do laço da piedade, porque Deus se liga (*religaverit*) ao ser humano e se ata a ele pela piedade".

Aqui a ideia de *laço* é determinante e age nos dois sentidos: o laço inicial vem de Deus, porque é ele que propõe a sua criatura uma *aliança*. A religião se torna então o "re-laço" de piedade que religa o ser humano a Deus.

Muitas vezes a tendência é opor as duas etimologias. De fato, os autores medievais insistirão nisso, mas, no fundo, elas não se opõem necessariamente: o laço religioso (*religare*) pode muito bem fundar-se em uma leitura atenta (*relegere*), leitura que se baseia por sua vez no laço inicial entre o divino e os humanos. Agostinho dirá que prefere a etimologia de Lactâncio à de Cícero, mas ele insistirá na ideia de "re-laço", porque é um laço que o ser humano perdeu por sua própria negligência, cometendo o pecado original: importa portanto restabelecer esse laço, por conseguinte *re*ligar nossas almas só a Deus e abster-nos de toda superstição (*Cidade de Deus*, 10. 3; *Da verdadeira religião*, 111; *Revisões*, 1. 13. 9).

4. A síntese do platonismo e do cristianismo em Agostinho

A obra de Agostinho (354-430), insubstituível para toda filosofia da religião, situa-se na encruzilhada de épocas e de civilizações decisivas: fortemente marcada por Cícero como pelo platonismo de Plotino e Porfírio, mas também pelo dos Padres como Orígenes, Jerônimo e Ambrósio, Agostinho terá sido a testemunha das primeiras invasões bárbaras e, portanto, dos primeiros sinais do declínio do Império Romano (sua *Cidade de Deus* tentará mostrar que a cristianização recente do Império não teve nenhuma influência nisso). Por conseguinte, sua obra se constrói na articulação da Antiguidade com uma época em que a modernidade chamará de medieval e que será dominada no Ocidente pela religião cristã.

As *Confissões* (cerca de 399), sua obra mais célebre, mas que talvez não o tenha sido para ele ou seus contemporâneos, contam a palpitante história de sua conversão, na primeira pessoa, daí sua modernidade. A conversão de Agostinho se opera em várias etapas.

1) Tudo começa por uma *conversão à filosofia* (*Confissões*, livro 3), tal como a entendiam Agostinho e a Antiguidade tardia. Agostinho a vive na idade de dezoito anos, influenciado pela leitura do *Hortensius* de Cícero, que pretendia ser uma exortação à vida filosófica. A conversão a esse tipo de vida quer, pois, dizer que a pessoa deve *desviar-se* das vãs ocupações e da glória temporais, para voltar-se à busca de uma

sabedoria (*sophia*) espiritual e eterna. A própria ideia de filosofia, o amor à sabedoria, implica uma conversão (*convertere*: uma virada ou mudança instantânea e completa para alguma coisa). Mas essa sabedoria verdadeira "que os filósofos buscam", Agostinho levou algum tempo para encontrá-la ou reencontrá-la, porque se trata da religião de sua mãe. Primeiro ele se deixou seduzir pela Igreja dos maniqueus, da qual foi membro durante dez anos. Mas, como ele diz, pelo menos duas coisas o levaram a distanciar-se dela: a ideia de que há em Deus um princípio do bem *e do mal* (como pode o mal ter sua fonte em Deus, que é a pura bondade?) e a concepção muito *material* que os adeptos de Mani se faziam da divindade. Uma nova "conversão" tornou-se necessária.

2) *A conversão ao "platonismo"* (livro 7). Agostinho conta que foi a leitura de "alguns livros dos platônicos", os quais ele não cita, mas que eram sem dúvida Plotino e Porfírio, que o levou ao caminho da doutrina cristã. Ele diz que leu nesses autores uma passagem que é quase idêntica àquela que abre o quarto Evangelho(!), querendo assim mostrar a concordância de fundo entre o cristianismo e a filosofia dominante de seu tempo, o platonismo. Os platônicos o orientaram para a religião cristã, ensinando-lhe que Deus é a bondade pura e que ele não é uma coisa material, mas uma realidade espiritual e eterna, aquela que sua alma buscava desde sempre. Agostinho retoma também desses platônicos a ideia de que a alma deve "entrar em si mesma" se ela quiser descobrir essa realidade inteligível. Portanto, é possível uma visão intelectual da realidade divina, graças ao olho da alma que olha para o interior de si mesma. Só que essa visão dos platônicos os tornava talvez muito presunçosos. Eles esqueciam a humildade humana que Cristo, assumindo a carne humana (desdenhada pelos platônicos), quer lembrar-nos. Resta, pois, um outro limiar a ser transposto.

3) *A conversão pontual ao cristianismo* (livro 8). Ela se opera em Agostinho em um momento preciso. Desde certo tempo ele se dedicava à religião cristã, mas suas tendências sensuais e a concupiscência da carne o impediam de aderir totalmente a ela. Ele ouve, então, uma voz em um jardim de Milão: *tolle, lege*, "toma e lê". Ele abre a Epístola aos Romanos e seus olhos incidem exatamente na passagem que diz: "Revesti-vos do Senhor Jesus Cristo e não vos preocupeis em satisfazer os apetites da carne". Trata-se, certamente, de um sinal divino. Agostinho renuncia imediatamente às tentações da carne e decide fazer-se batizar na próxima Páscoa. A conversão decisiva vem acompanhada de uma renúncia à carne (o que também é mais ou menos platônico) e da aceitação de uma vida de continência. Mas, ao se converter, isto é, ao des-viar-se (*devertere*) da carne para dedicar-se inteiramente a Deus, Agostinho participará pela primeira vez do rito "iniciático" da Igreja católica, o batismo, que o purificará de seus pecados. O elemento ritual continua sendo importante, embora o essencial seja a conversão interior.

As "três" conversões formam por conseguinte uma só: a conversão filosófica bem-compreendida já consiste em desviar-se da carne para consagrar-se somente às realidades eternas, aquelas exaltadas pelo platonismo, mas é o cristianismo que encarna sua verdadeira revelação. O que importa aqui, porém, não é só a conversão: com a conversão de Agostinho, pode-se dizer que é todo o Ocidente latino que se converterá à filosofia da religião cristã.

É essencial notar que a religião (cristã) se apresenta aqui como uma resposta à busca de sabedoria e de felicidade que é a busca da filosofia. Portanto, religião e filosofia caminham lado a lado e se confundem. A primeira linha do *De vera religione*, de 390 (composto pouco tempo depois da conversão de Agostinho em 389), claramente o lembra: "O caminho da vida feliz [buscado por todas as escolas filosóficas] não é outro senão a verdadeira religião". Em outras palavras, poderíamos dizer que não há vida boa e feliz sem verdadeira religião. Mas também é importante notar que Agostinho fala aqui da "verdadeira" religião, porque só há uma. A prova de que a religião cristã é realmente a verdadeira, Agostinho o percebe em sua universal difusão (*Da verdadeira religião*, 3. 3). Se o próprio Platão estivesse vivo e lhe fizéssemos a pergunta sobre a verdadeira religião, ele responderia que a religião de seus votos tinha chegado com o cristianismo. Também teria reconhecido facilmente que a pregação sublime do cristianismo não podia vir de um homem, mas somente de uma iluminação divina, como a que se revelou em Cristo. Só a religião cristã cumpriria o ideal (platônico) de uma renúncia aos bens desse mundo e de uma conversão à realidade imutável. Aqui a conversão é compreendida, segundo o modelo de Plotino, como um retorno da alma, que se extirpa do múltiplo, para retornar ao Uno.

Essa filosofia da religião estará no centro da *Doutrina Cristã* (397, terminada em 427) de Agostinho. Segundo o estoicismo, a obra distingue dois tipos de bens: os bens dos quais nos servimos (*utenda*) em vista de um outro bem e aqueles dos quais usufruímos por si mesmos (*fruenda*, de *frui*) e que constituem por conseguinte um fim em si mesmos. Toda coisa é um bem que remete a um outro bem. Só o Bem supremo, o soberano Bem, não remete a outra coisa. Portanto, ele é o único de que se deve "fruir" por ele mesmo. A doutrina cristã, compreendida como filosofia, no sentido forte do termo, ensina-nos como chegar à verdadeira felicidade: devemos somente "usar" deste mundo, e não fruir dele, a fim de "contemplar os bens invisíveis de Deus, que as coisas criadas nos fazem compreender". A partir das realidades físicas e temporais, somos, pois, capazes de apreender as realidades eternas. Para chegar lá, Deus nos ofereceu um modelo, a própria Sabedoria, identificada à segunda pessoa da Trindade. Ela se adaptou a nós, assumindo nossa condição, mas justamente para ajudar-nos a transcendê-la. Essa sabedoria já estava sem dúvida presente ao olho interior, Agostinho não dá o braço a torcer nesse ponto, mas para aqueles cujo olho está doente ela dignou manifestar-se aos olhos da carne. Para nos curar, ela nos deu um mandamento de amor, que nos ordena amar nosso próximo, mas sobretudo amar a Deus de todo o nosso coração e de toda a nossa alma. Quer dizer que Deus deve ser amado acima de toda coisa. Deus e a realidade inteligível constituem a via da felicidade, a resposta à busca filosófica da alma.

A *Cidade de Deus* (413/427) dirá, então, que "o verdadeiro filósofo é aquele que ama a Deus (8. 1), isto é, a sabedoria pela qual tudo foi feito. Mas como a filosofia assim nomeada (como sabedoria) não existe, longe disso, para todos aqueles que se gloriam desse nome, é preciso escolher quais são os filósofos que melhor falaram dela: "Se, pois, para Platão, o sábio é aquele que imita, que conhece, que ama este Deus e encontra sua felicidade em participar de sua vida, que necessidade tem ele de examinar outros filósofos? Nenhum deles está mais próximo de nós do que os platônicos" (8. 5). Também teria sido Platão que introduziu a divisão da filosofia em três partes: a física, a moral e a lógica (divisão que na verdade é posterior a Platão). A física busca a *causa* da existência e da natureza, a moral investiga a *regra de vida* e a lógica a *razão da inteligência,* que permite distinguir o verdadeiro do falso. Nos três casos, Platão coincide com o sentido que, para Agostinho, é este: é o cristianismo que traz a melhor resposta e sempre a mesma: o Deus imutável é de fato o princípio eterno do mundo em contínua mudança, a regra de vida e a luz da inteligência.

Se a filosofia toma aqui uma feição religiosa que responde a sua busca de sabedoria, a própria religião é compreendida como uma filosofia. Aproximando-se uma à outra, religião e filosofia acabam por fundir-se. O desafio das épocas vindouras será pensar ou repensar a separação das duas. Mas a síntese agostiniana delas continuará sempre atrativa: se a filosofia tiver de separar-se da filosofia da religião ou até mesmo tiver de criticar radicalmente a religião em nome da filosofia, ela terá uma melhor sabedoria a propor, portanto, um melhor caminho que conduz à felicidade.

6. O mundo medieval

1. Duas fontes do saber

A concepção que se convencionou chamar Idade Média faz dela uma época "medíocre" (daí seu nome, inspirado na Renascença e na modernidade), enfeudada à religião católica, de tal forma que ela se teria caracterizado por uma repressão de toda forma de saber autônomo. Na Idade Média a filosofia e a religião certamente se teriam fundido, mas essa simbiose teria sido uma catástrofe, tanto para a filosofia como para o ser humano. A modernidade deveria então ser compreendida como uma emancipação do ser humano de sua tutela religiosa. Por ser caricatural, essa visão é honrosa para a filosofia da religião, porque ela reconhece a todo um milênio da história humana o mérito de ter sido definido por uma "filosofia da religião", a que admite que a religião responde a todas as verdadeiras inquietações do ser humano. A modernidade pode, portanto, apresentar-se a si própria como a gloriosa libertação da religião e desse período sombrio da história. Mas isso equivale a dizer que a modernidade, por sua vez, define-se por uma "filosofia da religião", mesmo que seja crítica, o que é uma outra honra para a disciplina.

Em todo caso, essa visão deve muito a certo agostinismo, porque a fusão da filosofia e da religião, que se quer denunciar, é própria a Agostinho, apesar de Agostinho se valer aqui de Platão (e de Plotino). Esse paradigma agostiniano da filosofia da religião terá efetivamente desempenhado um papel importante na Idade Média.

Mas ele não terá sido o único, e, sobretudo, toda a paisagem filosófica da "Idade Média" não terá sido cristã. Longe disso. Podemos encontrar o testemunho mais patente disso nas impressionantes sínteses dos pensadores muçulmanos Al-Farabi (por volta de 870-950) e Averróis (1126-1198), que ignoram os autores cristãos como Agostinho, o que também é verdade do *Guia dos perplexos* do pensador judeu Maimônides (1135-1204). Ora, todos esses autores têm o cuidado de mostrar que a religião deles, o islã ou o judaísmo, estão de acordo com a "filosofia", compreendida a partir de suas disciplinas fundamentais como a lógica, a ética ou a metafísica, ela mesma pensada de maneira teológica. Portanto, o horizonte de pensamento também continua teológico, mas ele é fértil para uma filosofia da religião, porque a preocupação primordial desses pensadores continua sendo a possível conciliação entre filosofia e religião. Isso pressupõe que existam duas fontes de conhecimento, a revelação e a razão.

Os três gigantes do mundo islâmico são ávidos leitores de Aristóteles, cuja obra já estava então inteiramente traduzida para o árabe (inclusive alguns textos que não são mais reconhecidos hoje como sendo de Aristóteles, como o *Livro das causas*, evidentemente neoplatônico), enquanto só seus escritos lógicos eram conhecidos do Ocidente latino e cristão. Todos eles são fascinados pelo rigor da filosofia racional de Aristóteles e por sua explicação física do mundo. Eles também têm o cuidado de defender os alicerces das ciências racionais: se Deus nos dotou de razão, é para que a utilizemos e não para abafá-la ou extingui-la. Eles acham então que o estudo das ciências filosóficas deve não somente ser tolerado pelo islã, mas também incentivado. Alguns autores islâmicos como Al-Gazali (1058-1111) expressarão seu desacordo e vão querer pôr um fim a esse embelezamento filosófico. Al-Gazali é autor de uma obra sobre *A incoerência dos filósofos* (1095, traduzida para o latim sob o eloquente título *Destructio philosophorum*), na qual ele se declara contra Aristóteles e Al-Farabi, mas sobretudo contra Avicena. Al-Gazali não é hostil a todas as ciências filosóficas, porque ele considera a lógica e a matemática indispensáveis e se mostra até disposto a tolerar a ética e a física dos filósofos. Mas é extremamente crítico em relação à metafísica, porque julga que ela trata, e de maneira incoerente, de questões às quais só a religião pode responder.[1]

2. A filosofia da religião de Averróis e de Maimônides

Averróis lhe responde em seu tratado sobre *A incoerência da incoerência* (1180, *Destructio destructionis*) como em seu *Discurso decisivo*, agora já bem conhecido, graças à tradução de M. Geoffroy (GF, 1996) e celebrado como obra-prima do racionalismo muçulmano. O *Discurso decisivo* é uma *fatwa*, um aviso legal sobre a questão de saber "se o estudo da filosofia e das ciências da lógica é permitido pela Lei revelada ou se é condenado por ela, ou até prescrito, seja como recomendação ou como obrigação" (*DD*, 1). Para Averróis, o ato de filosofar consiste simplesmente no "exame racional dos seres e no fato de refletir sobre eles enquanto constituem a prova

---

[1] U. RUDOLPH, *Islamische Philosophie*, Munique, Beck, 2004.

da existência do Artesão". O desígnio dos filósofos confunde-se a esse título com o da revelação. Sendo assim, não deveria haver contradição entre os dois. Pode haver simplesmente *aparência* de antagonismo entre o *sentido literal* do Corão e a análise demonstrativa. As regras de interpretação têm por tarefa revogar essa contradição, contanto que haja "consenso entre os muçulmanos", afirma ousadamente Averróis, "para considerar que nem todos os enunciados da revelação devem ser tomados em seu sentido literal". Mas *por que* a revelação comporta enunciados cujo sentido deve ser compreendido de maneira literal e outros devem ser entendidos de maneira mais alegórica? É que os seres humanos se distinguem por suas disposições inatas. Se existem enunciados que são contraditórios no sentido literal, "é a fim de assinalar aos *seres humanos uma ciência profunda* que convém interpretar". Mas nem todos são capazes de compreender esse sentido oculto: "A revelação compreende o aparente e o oculto, mas não é necessário que os que não possuem ciência conheçam o oculto". Averróis propõe uma análise sutil dos tipos de enunciados que são suscetíveis dessa interpretação e das classes de pessoas que estão em condições de compreendê-los. Daí resulta que existe uma diferença entre as "pessoas de demonstração" e aquelas que têm necessidade de satisfazer sua imaginação (a massa), mas nem todos estão dispostos por natureza a apreender demonstrações. Ora, a única grandeza do texto revelado é dirigir-se *ao mesmo tempo* a todos os tipos de crentes. Se a revelação se preocupa "com o maior número", ela também não omitiu "dispensar sinais em favor da elite" (52).

A primeira herança dessa filosofia da religião, que será prolongada por Maimônides e Spinoza, consiste em afirmar que há *de facto* uma *dupla verdade* da revelação: uma verdade para a massa e uma verdade que só os filósofos são capazes de penetrar, pela análise racional (que não é acessível a todo mundo, como se reafirma). Essa ideia será combatida pela ortodoxia muçulmana, que restabelecerá a dignidade do sentido literal do Corão.

A outra grande herança, que aproxima Al-Farabi, Avicena e Averróis, consiste em reconhecer não somente a legitimidade, mas também a *autonomia* das ciências filosóficas e de sua explicação racional do mundo. O Corão deve concordar com a razão, mas, se houver conflito entre os dois, é o texto sagrado que deve ser interpretado em um sentido que está de acordo com a razão. A tarefa da "filosofia da religião" consiste aqui, e isto é bem novo (ainda que preparado por séculos de interpretação alegórica), em mostrar em que a religião, ou o texto sagrado, pode concordar com os ensinamentos da razão.

Portanto, há para Averróis e os autores medievais que dele se valerão mais ou menos expressamente dois tipos de saber: de um lado, as ciências filosóficas, fundadas na razão natural; de outro, a religião revelada por textos proféticos, cujo sentido literal se dirige sobretudo às massas. É que a filosofia permite aos mais avançados que se façam uma melhor ideia da essência divina. Percebe-se aí sem dúvida certo elitismo, porque nem todos são dotados para a metafísica, mas temos o direito de saudar a tolerância que representa essa visão de uma coabitação possível entre duas vias que conduzem à verdade, a qual só pode ser única.

Mas será que pode haver duas vias que conduzem à verdade? Pode a razão humana entrar em concorrência com a sabedoria diretamente revelada por Deus? É toda essa questão que está à origem do "conflito" entre a razão, ou a ciência, e a religião, que será o palco de todas as controvérsias da filosofia da religião, e muito além da Idade Média. Basta pensar em Kant, que se esforçará para propor uma filosofia da religião dentro dos limites da simples razão (1793), mas ele o fará desvalorizando, no espírito do Iluminismo, a importância da revelação histórica, o que certamente nenhum autor medieval podia permitir-se. Se os três grandes pensadores muçulmanos, e Maimônides para o judaísmo, jamais colocam em questão a verdade, nem a autenticidade de suas revelações, eles apresentam uma versão delas que é fortemente influenciada pela filosofia e mais particularmente pela metafísica gregas, que faz de Deus uma essência eterna e um ato puro, que é antes de tudo responsável pelo movimento perfeito das esferas celestes.

Maimônides pressupõe essa concepção, mas ele rejeita o dogma da eternidade do mundo em nome da ideia judaica da criação. Sua concepção metafísica do divino o leva a interpretar em um sentido puramente espiritual todas as passagens da Torá que parecem atribuir propriedades ou ações sensíveis a Deus. Se dizemos de Deus, por exemplo, que ele está "sentado", não é para dar a entender que ele tem um corpo, o que seria ímpio, mas para exprimir sua estabilidade e sua permanência, pois Deus é rigorosamente estranho a tudo que é corporal. Ora, o comum dos mortais associa a noção de existência à existência corporal (*Guia dos perplexos*, 61, 100). A razão nos ensina que isso seria um contrassenso para Deus. Portanto, o combate da irreligião é tomar em um sentido literal os textos que falam de Deus de maneira sensível. Mas a dificuldade vem do fato de que a própria linguagem humana é sempre corporal, portanto inapta a exprimir a essência de Deus, cujo tipo de existência é completamente diferente do nosso. Também devemos precaver-nos de dar nomes ou atributos a Deus, os quais sempre trarão a marca de nossa linguagem corporal. A única maneira de falar dele é, portanto, falar negativamente: os verdadeiros atributos divinos são aqueles em que a atribuição se faz por meio de negações, quando se diz de Deus que ele não é corporal, que não há nada de múltiplo nele, que não existe nenhuma semelhança entre seu tipo de existência e o nosso etc. Quanto mais multiplicamos as negações a propósito de Deus, mais nos aproximamos de sua essência. O único nome de Javé, aquele que ele se deu a si mesmo ao revelar-se a este ser dotado de um entendimento superior que era Moisés, resume-se em quatro letras (YHWH), que exprimem "o ser necessário". Ideia metafísica, sem dúvida, já elaborada por pensadores como Al-Farabi e Avicena, mas que Maimônides enriquece de atributos tirados da revelação profética. Esta nos ensina que Deus é generoso, equitativo e justo, e não somente na sábia organização das esferas celestes, mas também na ordem que de sua inteligência se "expandiu" até a terra e que nos ajuda a conhecê-lo. O motivo, neoplatônico, da expansão (*feidh*, 275) está onipresente: é por esse transbordamento que Deus, como uma fonte, deu origem às esferas celestes e ao nosso mundo. Sua revelação aos profetas, por meio dos anjos, deve também ser compreendida como uma expansão de sua ciência. Toda essa revelação só tem por finalidade levar o ser humano a realizar sua verdadeira perfeição ou seu fim último, isto é, a percepção de Deus e o conhecimento das realidades inteligíveis ou metafísicas. É por aí que ele obtém a imortalidade (633). Platão coincide aqui com Moisés.

Os perplexos aos quais se dirige o *Guia* de Maimônides são as pessoas religiosas perfeitas em sua religião e seus costumes, que estudaram a fundo as ciências filosóficas e são conduzidas pela razão, mas que poderiam ser confundidas pelo sentido exterior da Lei. Esse sentido literal pode jogá-las na agitação e no desvio. Por conseguinte, o tratado de Maimônides tem por finalidade eliminar, na medida do possível (porque ele continua sempre consciente dos limites da inteligência humana quando tenta compreender o divino), essas obscuridades e proceder de tal modo que o ser humano religioso não seja induzido a erro por elas.

3. A virtude da religião segundo Tomás de Aquino

Al-Farabi, Avicena e Averróis foram bem cedo esquecidos no mundo muçulmano, antes de serem redescobertos, graças à renascença muçulmana do fim do século XIX. Seus herdeiros imediatos, se assim podemos dizer, encontram-se sobretudo no mundo ocidental e latino, que permaneceu até aquele momento bem refratário, na esteira de certo agostinismo, ao saber racional "pagão", aliás malconhecido. A partir do século XIII, os ilustres leitores cristãos das novas traduções dos autores árabes e dos textos de Aristóteles (Alberto Magno, Tomás de Aquino, Duns Scotus, Guilherme de Ockham, Mestre Eckhart) restabelecerão a reputação desse saber racional. A exemplo dos autores árabes, eles jamais colocarão em questão a verdade de sua revelação, mas terão o cuidado de mostrar que ela está de acordo com a razão. Sua visão mais racional do mundo, inspirada em Aristóteles e em certo neoplatonismo herdado dos pensadores muçulmanos, contribuirá para o progresso da ciência moderna e, consequentemente, para a emergência de uma atitude filosófica mais crítica em relação à religião.

Aqui é impossível fazer justiça à infinita diversidade da filosofia da religião dos autores medievais, porque todas as questões das quais eles trataram, em abundantes corpus, atingem de perto ou de longe a "religião" (Deus, a fé, o pecado, a graça, os anjos etc.). Deveríamos tratar aqui do argumento ontológico de Anselmo, das cinco provas da existência de Deus, da concepção que se faz da essência e da onipotência de Deus, mas poderíamos fazer valer que essas questões dependem muito mais da metafísica propriamente dita (ver Grondin, 2004, 133-171), isto é, da explicação racional dos primeiros princípios, dos quais se pode distinguir a "religião", entendida como culto rendido a uma potência superior que chamamos divina.

Aliás, é nesse sentido que Tomás fala da religião em uma seção bem longínqua da *Summa Theologica*, no segundo volume de sua segunda parte (2a 2ae, q. 81-91), em que trata das grandes virtudes. Portanto, Tomás trata da religião muito tempo depois de ter falado de Deus e da própria fé (na primeira parte). Seu conceito de religião é mais regional do que o de Agostinho, por exemplo; porém, mais próximo da religião compreendida como culto crente.

Para o leitor de hoje, dizer da religião que ela é uma "virtude" não é nenhuma evidência. Tomás segue Aristóteles vendo na virtude um *habitus*, isto é, um arranjo, uma disposição "que aperfeiçoa o ser humano para fazê-lo agir bem" (1a 2ae, q. 58, art. 3). Para Tomás, há três virtudes intelectuais (a sabedoria, a ciência e a inteligência), quatro virtudes morais (a prudência, a justiça, a temperança e a fortaleza) e três virtudes teologais (a caridade, a fé e a esperança). Contra toda expectativa, a religião não faz parte das virtudes teologais, mas das virtudes morais, porque ela é compreendida como uma virtude anexa à justiça. É que o objeto das virtudes teologais é Deus enquanto ele ultrapassa nossa razão. A religião não tem Deus diretamente por objeto, mas o *culto* que o ser humano presta a Deus.

Aliás, a primeiríssima referência de Tomás será a definição dada por Cícero, segundo a qual "a religião apresenta seus cuidados e suas cerimônias a uma natureza de ordem superior que se chama divina" (2a 2ae, q. 81). Tomás desenvolve então três etimologias do termo que ele julga essenciais à compreensão da virtude da religião:

Reler. Tomás retoma aqui a etimologia de Cícero: o ser humano religioso é aquele que repassa e, por assim dizer, diz, relê (*retractat et tamquam relegit*) o que concerne ao culto divino. Se religião vem de "relire", é que se deve voltar a ela muitas vezes no coração. A religião decorre aqui da leitura frequente (*frequenti lectione*).

Re-eleger. É uma etimologia que Tomás retoma da *Cidade de Deus*, de Agostinho: como Deus é o Bem supremo que foi abandonado por nossa negligência, devemos re-elegê-lo, escolhê-lo de novo.

Religar. A religião exprime enfim "nossa *ligação* com o Deus único, todo-poderoso" (segundo a etimologia da Lactâncio, não nomeado aqui).

Leitura renovada, escolha reiterada do que foi perdido ou ligação vertical, a religião exprime no sentido próprio a ordem a Deus (*ordo ad Deum*). A virtude da religião é então a que ordena todo agir para com ele que nos impele a reler sua Palavra, a escolhê-la livremente e a nos ligar a ele. Ela se traduz por duas espécies de atos: os atos de religião que serão interiores, estes são os principais, ou exteriores e secundários. Os atos interiores são os da *devoção* e da *oração*, enquanto os atos exteriores compreendem a adoração, os sacrifícios, as oblações, os dízimos, em suma, tudo o que oferecemos a Deus. É evidente que Deus não tem necessidade de nossas oferendas, nem de nossas orações. Se prestamos honra e reverência a Deus, não é por ele mesmo, porque ele está cheio de uma glória à qual a criatura nada pode acrescentar. Nós o fazemos sobretudo para nós mesmos, a fim de lhe sujeitar nosso espírito e encontrar nele nossa perfeição, porque "todas as coisas só encontram sua perfeição na submissão ao que lhe é superior". Ora, nós temos necessidade de ser guiados pelo sensível. Por isso o culto divino requer o uso de realidades corporais como outros tantos sinais "capazes de despertar na alma humana os atos espirituais pelos quais nos unimos a Deus" (q. 81, art. 7). Esta é a "filosofia da religião", no sentido subjetivo do genitivo.

Em Aristóteles a virtude representa um justo meio entre dois extremos. O mesmo se dá com a virtude de religião em Tomás. Ela encarna um justo meio entre os dois excessos que são a superstição e a irreligião. A superstição é um *excesso*, porque ela presta um culto divino ao que não deve ser o objeto desse culto, ou ela o faz de uma maneira indevida. A irreligião exprime por sua vez uma *falta* de religião: ela se traduz pela irreverência para com Deus, que acontece quando se procura tentar a Deus ou colocá-lo à prova, quando se comete um perjúrio ou se utiliza seu nome sem respeito. É de notar que o ateísmo não faz parte das formas de irreligião estudadas por Tomás. Ele só se tornará possível com a filosofia da religião da modernidade.

7. O mundo moderno

É um truísmo dizer que o conflito entre a religião e a razão, aparente nos Padres da Igreja como também em Averróis e Maimônides, exercerá um papel crítico na filosofia da religião da modernidade. E servirá até para defini-la, no sentido em que, para alguns, a modernidade não seria nada mais do que uma libertação do jugo da religião que seria substituída pela ciência. No sentido de Augusto Comte, o estado científico (e moderno) da humanidade deveria distinguir-se de seu estágio teológico ou religioso. Aqui, a religião encontra-se inteiramente identificada com a superstição, da qual Cícero e Tomás ainda a distinguiam, em nome de uma desmitologização radical, da qual a modernidade oferece múltiplos exemplos.

Quando começa a modernidade? Os anglo-saxões a associam à emergência da ciência experimental em Bacon ou às descobertas astronômicas de Copérnico e Galileu, enquanto os continentais pensarão de preferência em Descartes e os historiadores na Renascença italiana ou na descoberta do Novo Mundo, sem esquecer a Reforma Protestante. As datas importantes são bem conhecidas: invenção da imprensa por Gutenberg, em 1450; descoberta da América, em 1492; aparecimento do *De revolutionibus*, de Copérnico, em 1546; do *Novum Organum* de Francis Bacon, em 1620; e do *Discurso do método* de Descartes, em 1637.

Se Bacon e Descartes se distanciam de Aristóteles e de sua metafísica, é difícil falar com referência a eles de uma crítica radical da religião ou de seus temas diretivos. Isso continuará valendo para a grande maioria dos autores que são associados aos começos da modernidade. Para convencer-se disso basta lembrar o propósito de suas obras básicas: Descartes publica em 1641, em latim, suas *Meditações de filosofia primeira nas quais são demonstradas a existência de Deus e a imortalidade da alma*. Poderia tratar-se de um título medieval. Pascal (1623-1662) trabalhava, por sua vez, em uma obra que devia tratar da "superioridade da religião cristã", enquanto Malebranche (1638-1715) apresentou na *Busca da verdade* uma metafísica em que deviam "ser estabelecidas as principais verdades que são o fundamento da religião e da moral". Essa intenção metafísica prosseguirá nos sistemas racionalistas de Leibniz (nada é sem razão e Deus é a razão suprema) e Spinoza (o primeiro axioma de sua *Ética* é que Deus é a causa de si mesmo, cuja essência implica a existência). Mesmo que esta tradição chamada racionalista exalte a razão, é difícil associá-la a uma morte de Deus ou a uma crítica radical da religião. Bem ao contrário.

Os germes dessa crítica se encontram sobretudo em uma *outra* tradição da modernidade, muitas vezes identificada ao empirismo, mas cujas raízes são medievais. O método experimental de Bacon deve efetivamente muito ao antiessencialismo do nominalismo, que aparece nos pensamentos de Ockham e de Buridan. O nominalismo inscreve-se em uma tradição que insiste muito na onipotência de Deus e que remonta a Pedro Damião (1007-1072) e sua *Carta sobre a onipotência divina*. Mas se Deus pode tudo, ele não poderia ser limitado por uma ordem de essências que seria constrangedora para ele e à qual ele deveria conformar-se. Para o nominalismo, as essências não são, em princípio, senão realidades "nominais", abstratas da experiência e criadas pelo espírito. O que existe realmente são só os indivíduos. O conhecimento muda então de objeto: não trata mais das essências, segundas e derivadas, mas dos dados contingentes e singulares da experiência. O saber empírico que daí tiramos não é universal como o saber de essência dos medievais (esta é sua fraqueza), mas é pelo menos verificável e permite previsões confiáveis. É em nome desse saber experimental que Bacon criticará os vãos ídolos do espírito (*idola mentis*).

Antes de tudo, esse nominalismo não diz respeito à religião como tal. Mas conduzirá, passo a passo, a uma *crítica da religião* em um autor como Hume e nos pensadores do Iluminismo (Helvécio, Diderot, Voltaire). É que a religião aparece cada vez mais como uma simples criação do espírito, da qual dirá Hobbes (1588-1679), em seu *Leviatã* (cap. 12), que ela nasce do medo da morte e do desejo do ser humano de conhecer as causas. Ora, esse conhecimento não depende muito mais da ciência como tal?

Dois deslocamentos silenciosos, mas tectônicos, operam-se aqui: 1) a religião é cada vez mais percebida como uma questão interior, até mesmo privada, dependendo unicamente da convicção. Certamente isso já era evidente para Agostinho, mas a modernidade insistirá sobretudo no caráter "fictício", fabricado, dessa convicção; 2) compreendida a partir do medo da morte e da vontade de compreender as causas, ela continua sendo considerada como uma forma de "saber", mas um saber "fraco", se comparado com o da ciência, e por conseguinte sua legitimidade poderá ser colocada em questão, embora o seja ainda bem pouco no começo da idade moderna.

Mas não são esses os únicos deslocamentos importantes. Há um outro, preparado de longa data, mas que tomará um aspecto crítico. É que a filosofia da religião da modernidade, radicalizando uma distinção antiga, dissociará cada vez mais duas formas de religião: a *religião natural*, na maioria das vezes fundada na ordem da natureza, da qual se infere a existência de um Artesão supremo, e a *religião histórica*, estatutária e institucional, que se autoriza numa revelação, mas cujas prerrogativas políticas serão facilmente contestadas. Essa distinção deve muito à sacudida provocada pela filosofia da religião de Spinoza.

1. Spinoza e a crítica à Bíblia

Nascido em Amsterdã, Spinoza (1632-1677) é um judeu, oriundo de uma família portuguesa, que entra bem cedo em contato com seitas protestantes mais libertárias, o que lhe vale ser excomungado de sua comunidade judaica em 1657. Em 1670 aparece anonimamente seu *Tractatus theologico-politicus*, que lançou a "crítica à Bíblia". A obra provoca escândalo e é objeto de um interdito em 1674. Seu propósito é defender a liberdade de filosofar, como o diz seu título integral: "Tratado teológico-político contendo algumas dissertações nas quais se faz ver que a liberdade de filosofar pode não só ser concedida sem perigo para a piedade e a paz do Estado, mas também porque não se pode destruí-la sem destruir ao mesmo tempo a paz do Estado e a própria piedade".

É preciso defender essa liberdade contra aqueles que acreditam que ela deve ser tutelada pelos teólogos que se valem da Escritura. Spinoza explica seu propósito em uma carta de outubro de 1665 a Oldenburg (carta 30):

> Ocupo-me no presente a compor um tratado no qual exporei minha maneira de ver a Escritura. Os motivos que me fizeram empreender esse trabalho são: *primo*, os precon-

7. O mundo moderno | 97

ceitos dos teólogos: a meu ver, o maior impedimento que pode haver ao estudo da filosofia, por isso esforço-me para torná-los manifestos e para desembaraçar deles o espírito dos humanos não muito cultos; *secundo*, a opinião que tem de mim o povo: as pessoas não se cansam de acusar-me de ateísmo e sou obrigado a consertar, na medida do possível, o erro que me atribuem; *tertio*, meu desejo de defender por todos os meios a liberdade de pensamento e de palavra que a autoridade excessiva atribuída aos pastores e sua inveja ameaçam suprimir neste país.

A intenção de Spinoza é mostrar que há dois tipos de conhecimento de Deus e que eles são de natureza completamente diferente: o conhecimento racional, que é claro e distinto, e o conhecimento fundado em uma revelação à qual se adere pela fé e que pressupõe que o crente não tem esse conhecimento filosófico. Se Averróis já distinguia essas duas formas de conhecimento do divino, jamais lhe ocorreu ao espírito colocar em questão a autenticidade da revelação. Com Spinoza, isso se tornará possível e em pouco tempo coisa comum.

Portanto, o conhecimento de Deus fundado na revelação depende de um *mediador* ou de um "profeta". Ora, o profeta transmite uma *interpretação* da revelação que ele recebeu, servindo-se das imagens que podiam ser compreendidas em sua época. O profeta é então "aquele que interpreta as coisas reveladas por Deus a outras pessoas incapazes de ter um conhecimento certo das coisas reveladas, e que por isso não podem apreendê-las, a não ser somente pela fé". Assim, Moisés diz de Deus que ele é um fogo ou que ele é ciumento. Se não temos o *conhecimento* de Deus, só podemos crer no que diz Moisés. Ora, os profetas contam coisas bem diferentes quando eles recorrem a imagens para falar de Deus:

"Não vamos surpreender-nos se encontrarmos na Escritura [...] que Miqueias viu Deus sentado, Daniel sob a forma de um velho vestido de branco, Ezequiel como um grande fogo, nem que os discípulos de Cristo viram o Espírito Santo descendo como uma pomba, os apóstolos sob a forma de línguas de fogo, que Paulo, enfim, por ocasião de sua conversão, viu uma grande luz. Toda essas visões concordam plenamente com as imaginações vulgares sobre Deus e os espíritos" (*Tractatus*, 1, 45).

Entretanto, não poderíamos tomar essas imagens, sensíveis e materiais, como representações do próprio Deus, concebido pela luz natural como um ser imaterial. Só o contexto histórico permite compreender o sentido dessas imagens utilizadas pelos profetas. Spinoza luta, portanto, em favor de uma interpretação decididamente *histórica e crítica* da Escritura.

Ele também não mantém, por prudência ou por convicção, a ideia de que a Escritura constitui uma revelação divina. Deus teria ele mesmo decidido revelar-se aos profetas. Mas estes adaptaram seus relatos às representações de sua época. Ora, é preciso interpretar a Bíblia como se interpreta a natureza, isto é, a fim de tirar dela leis universais. A lei que Spinoza tira da Bíblia é que toda a intenção da Bíblia é *conduzir os humanos à piedade*. É evidente que os profetas tiveram de levar em conta preconceitos daqueles aos quais eles se dirigiam para incitá-los à piedade e à devoção. Mas essas representações são datadas e tanto mais fáceis de relativizar porque são sensíveis. Não podemos confundi-las com um conhecimento racional de Deus que não necessita de imagens.

A intenção de Spinoza é estabelecer uma separação estrita entre o conhecimento de Deus que depende da razão natural e o conhecimento da Escritura que é histórico. É, se quisermos, uma crítica da religião histórica *ad maiorem Dei gloriam*, mas também para a glória da própria filosofia, cuja liberdade se trata de defender. A conclusão de Spinoza, ao mesmo tempo teológica e política (daí o título), é que não poderíamos colocar a filosofia sob a tutela do teólogo. Mas ao defender com tanto vigor a *autonomia da filosofia*, Spinoza acaba por minar a autoridade do texto sagrado, em nome de um outro conhecimento de Deus, o da razão. Embora Spinoza insista em dizer que as representações dos profetas eram necessárias a sua época para levar as pessoas à piedade, é fácil descobrir que é possível *criticar* as representações dos profetas a partir do conhecimento que se pode ter de Deus pelo entendimento. Essa concepção, que inaugura a crítica racional da Bíblia, prefigura a de Kant em *A religião nos limites da simples razão* (1793).

2. A religião moral de Kant

Como herdeiro do Iluminismo, Kant distingue a religião estatutária, histórica e particular, da religião universal, que pode ser obtida pela razão humana. Uma das originalidades de sua filosofia da religião é de não fundar essa fé racional em um conceito de Deus tirado da ordem da natureza, mas de deduzi-la da lei moral inscrita no coração de todo ser humano.

I. A crítica do conhecimento metafísico – Em sua *Crítica da razão pura*, de 1781, Kant desconstruiu toda pretensão da metafísica a um conhecimento suprassensível. Crítica bem conhecida, mas que muitas vezes é confundida com uma crítica da religião como tal. Sem dúvida existe nesse caso um mal-entendido, mas o amálgama da metafísica e da religião fará época: os positivistas que se valerão de Kant, tanto no século XIX como no século XX, verão espontaneamente em sua censura do conhecimento metafísico (ou suprassensível) uma crítica de toda forma de religião, se é verdade que esta se dedica ao "suprassensível". Ora, o que Kant invalida é a pretensão de *conhecimento* da metafísica. A crítica dele é de uma simplicidade percuciente, que explica em parte sua notoriedade: o grande defeito da metafísica, segundo Kant, é justamente ser meta-física. Ela pretende aduzir um conhecimento de realidades que não podem ser dadas em nenhuma experiência. Mas como validar esse tipo de saber? Até nova ordem, todo conhecimento só pode basear-se na experiência. Mas isso não é, para Kant, o fim de toda forma de metafísica, nem o fim da religião, porque ambas se valem da evidência das leis morais.

II. O que me é permitido esperar? – Em um célebre texto, Kant evoca as três grandes questões da razão, que são também as da filosofia: O que posso saber? O que devo fazer? O que me é permitido esperar? Se a primeira, diz ele em uma carta a Stäudlin (1793), depende da metafísica, a segunda da moral, a terceira pertence à religião, compreendida aqui, o que pouco importa, como disciplina com todos os direitos da filosofia. A resposta à primeira questão, a do saber, remete-nos ao domínio exclusivo da experiência e de suas condições de possibilidade. A resposta à segunda questão nos faz lembrar o nosso dever: faze o que deves fazer! O apelo ao dever, seja ele cumprido ou não, ensina-nos que o motivo de nosso agir não é unicamente nosso bem-estar imediato, mesmo que se trate de um motivo forte e premente. É que *podemos* também agir (pelo menos em princípio, e este princípio basta para Kant) em função de leis morais, que têm por único fim indicar-nos como podemos tornar-nos *dignos de ser felizes*. A pessoa se torna digna de ser feliz conformando-se ao imperativo da moralidade que prescreve agir em função de máximas suscetíveis de serem erigidas em leis universais e que fazem inteira abstração de nossa felicidade pessoal. Como se trata de uma lei que a razão se atribui a si mesma, Kant sublinha fortemente a *autonomia* do agir moral, pelo qual o ser humano se distingue das outras criaturas do mundo natural e se assemelha ao criador divino (é que por essa *autonomia* ele escapa do reino heterônomo da causalidade natural e participa do mundo inteligível ou racional, da ordem moral). Mas esse agir moral e autônomo deve ser desinteressado, se não ele deixa de ser puramente moral. Mas, pergunta-se Kant, e é este o sentido da terceira questão, se ajo de maneira a tornar-me digno da felicidade, posso esperar ter parte nela? Essa esperança é legítima, julga Kant, e fundamenta a filosofia da religião. A esperança que aqui está em vista se baseia no acordo entre a moralidade de minha conduta e a felicidade futura que poderá ser-me outorgada. Esse acordo corresponde ao que Kant chama o ideal do soberano Bem, o *Summum Bonum* do qual já haviam falado Cícero e Agostinho, como do termo último de todo agir humano. Para Kant, esse acordo entre a moral e a felicidade só pode ser assegurado pelo sumo Bem originário, isto é, por Deus, pensado como o arquiteto da ordem moral do mundo. O sumo Bem esperado por nossa razão implica, portanto, admitir a existência de Deus e a imortalidade da alma, que Kant apresentará ora como artigos de fé, ora como consequências necessárias da lei moral. Dessa forma, a moral desemboca na religião: "A lei moral conduz, pelo conceito do soberano Bem como objeto e meta final da razão pura e prática, à *religião*, isto é, leva a reconhecer todos os deveres como mandamentos divinos".[1]

Portanto, é possível elaborar uma doutrina puramente filosófica da religião. É o sentido preciso de *A religião nos limites da simples razão*, de 1793. Seu propósito é mostrar que a razão pode desenvolver, a partir dela mesma, uma doutrina da religião que é preciso distinguir da doutrina de uma religião revelada, cuja legitimidade Kant não contesta abertamente, mas dá a entender que ela tem o inconveniente de ser histórica e, portanto, contingente, e de ser reservada exclusivamente aos sábios da Escritura. A doutrina filosófica da religião pode provocar, por sua vez, uma pretensão à universalidade, porque ela está inscrita no coração de cada um e se apoia unicamente na razão moral. Em princípio, esta se basta a si mesma, mas a religião lhe traz um complemento, talvez até um apoio muito importante, mas que não se pode compreender, a não ser a partir das premissas particulares de Kant.

A razão nos ordena agir unicamente em função da lei moral. Tarefa árdua para o amor próprio do ser humano, sempre tentado a desviar-se dessa lei na ocasião. Por conseguinte, ele coloca o amor de si mesmo acima da lei moral, o que equivale a uma perversão da lei moral. Essa perversão corresponde ao que Kant chama "mal radical" da alma humana. Mesmo sendo radical, porque enraizado em uma tendência, o ser humano pode esforçar-se para resistir ao mal desenvolvendo sua disposição original ao Bem, ao qual ele é chamado pela lei moral. Por isso, diz Kant, pode-se admitir que um modelo de perfeição foi proposto ao gênero humano para dar-lhe força e coragem em sua conversão ao

---

[1] E. KANT, *Critique de la raison pratique*, em *Oeuvres philosophiques*, tomo 2, 765.

Bem. Esse modelo, que corresponde a Cristo, é para Kant o modelo de uma humanidade agradável a Deus, isto é, moral. Portanto, para Kant, Cristo é o arquétipo da intenção moral em toda a sua pureza. Kant insiste bem pouco no fato de que esse modelo foi proposto por uma religião histórica particular, porque não está aqui seu objeto, mas insiste mais na ideia de que há aqui um ideal a realizar: apesar da perversão de seu coração, o ser humano pode esperar ser agradável a Deus. Mas ele não pode conseguir isso, a não ser por seu agir moral.

É por isso que Kant distingue dois tipos de religião: a religião *cultual*, que busca favores, e a religião *moral*, exclusivamente fundada na boa conduta, a única que é agradável a Deus. Kant julga que todas as ações cultuais são vãs, porque elas se propõem "dirigir em sua vantagem o poder invisível que rege o destino dos humanos" (*Religion*, 276). Mas isto é pura ilusão: "Tudo o que o ser humano pensa que pode fazer, exceto a boa conduta, para tornar-se agradável a Deus, é simplesmente ilusão religiosa e falso culto a Deus" (269). É só por nosso agir moral que podemos esperar tornar-nos dignos da felicidade que só Deus pode dispensar.

III. Posteridade – A *Religião* de Kant não é a obra mais revolucionária ou a menos austera no corpus da filosofia da religião, mas a posteridade do momento kantiano terá sido enorme para a disciplina. 1) Kant fez época em primeiro lugar por sua destruição da metafísica. Ele certamente não visava senão à pretensão da metafísica a um *conhecimento* suprassensível, mas o amálgama colocou a própria religião na defensiva: será que ela pode manter-se face à ciência? Kant abre assim, quer queira ou não, a época positivista na qual tudo que depende da metafísica ou da religião se encontra desconsiderado como superstição, em nome da ciência. 2) Embora as premissas tão rigoristas da ética kantiana não tenham sido retomadas tais quais, a insistência de Kant na autonomia da razão moral foi bem-sucedida a sua maneira. Kant compreendia a religião como uma consequência ou um complemento da moral. Ora, a moral que ele defendia baseava-se na ideia de autonomia. Pensada até as últimas consequências, uma ética da autonomia pode, ou até deve, prescindir da religião. Portanto, torna-se possível uma ética sem religião: se a razão humana só é responsável pelo agir moral, o ser humano poderá constituir um fim em si mesmo. O "humanismo" que daí decorre terá cada vez mais a tendência de substituir a religião nas sociedades chamadas modernas ou secularizadas. 3) A depreciação kantiana do culto e da experiência religiosa como tal (associada por Kant a uma forma de Iluminismo), em nome da religião moral fundada exclusivamente na boa conduta, certamente se inscrevia em uma tendência própria ao Iluminismo. Mas ela era tão intratável que acabou levando a certa reabilitação da experiência religiosa como tal. Será essa uma das contribuições de Schleiermacher.

3. A intuição do infinito em Schleiermacher

A modernidade reduziu habitualmente a religião a uma fraca forma de saber ou a um apêndice da moral. O que se perdeu nesse caso foi a autonomia da religião. Foi para salvaguardá-la que F. Schleiermacher (1768-1834) – apenas alguns anos depois do escrito de Kant sobre a *Religião* e na encruzilhada do romantismo e do idealismo alemães – debruçou-se sobre a essência da religião. O subtítulo de seus *Discursos sobre a reli-*

gião (1799) anuncia que ele se dirige "às pessoas cultas, entre as quais as que a desprezam". Se alguém a despreza, é porque está equivocado sobre sua essência, confundindo-a, por falta de cultura, com o que ela não é. Schleiermacher desconfia sobretudo da redução (kantiana) da religião à moral, que ele julga deletéria para as duas: para a moral, porque apresentando a moral como tendo necessidade de apoio mostra-se que se acredita muito pouco em sua autonomia e no progresso moral da humanidade; mas também para a religião, porque não se faz caso do estado de alma que lhe é específico. A religião não depende do conhecimento ou do agir, mas antes do sentimento (*Gefühl*) ou da intuição. Se a metafísica quer explicar o universo e a moral, o acabamento ou a perfeição, a religião busca por sua vez "intuicionar" o universo. O termo alemão para essa intuição, *Anschauung*, comporta um momento de passividade, mas também de admiração, e pressupõe que o objeto intuicionado *age* sobre nós. Ser tomado pela intuição do universo é descobrir que tudo o que é particular é apenas a parte acabada, finita, de um todo ou do infinito: "Apresentar os fatos que se produzem neste mundo como ações de um deus é exprimir sua relação com a infinidade de um todo, e isto é religião" (*De la religion*, 31). A religião em si não é mais do que a parte de um todo, porque há diversas maneiras diferentes, mas todas igualmente piedosas, de considerar as coisas sob o ângulo religioso, isto é, como fazendo parte de um todo mais abrangente. Declaração surpreendente da parte de um teólogo protestante, mas que associa a religião à mais alta forma de tolerância (laço que nem sempre é feito, é o mínimo que se pode dizer). Como não pode ser confinada a um sistema, a religião, fundada em um sentimento que tem algo de indizível, abre-se a todas as formas de intuição do infinito: "Vede que bela modéstia, que tolerância amável e acolhedora brotam do conceito de religião". Esta tolerância leva Schleiermacher a relativizar todos os dogmas e os aspectos estatutários das religiões particulares, inclusive as próprias noções de Deus e da revelação: "O que chamamos revelação? Toda intuição original e nova do universo é uma delas, e cada um é mais apto que qualquer outro para saber o que é original e novo para ele" (34, 65). O que importa na religião não são seus objetos particulares, mas a intensidade do sentimento e da intenção da qual ela surge. Em sua *Dogmática cristã* de 1821 (§ 4), Schleiermacher diz que a religião se funda em um sentimento de dependência total: "O que há de comum às formas mais diversas da piedade e o que as distingue de todos os outros sentimentos, em outras palavras, a essência constante da piedade está no fato de que temos consciência de nós mesmos como sendo absolutamente dependentes ou, o que quer dizer a mesma coisa, que temos consciência de nós mesmos em relação a Deus".

Não se pode subestimar o alcance do momento Schleiermacher em filosofia da religião. Seu mérito foi antes de tudo ter redescoberto a autonomia do religioso e, em seguida, ter aclamado sua extraordinária diversidade, intuição da qual se aproveitará a história comparada das religiões. Ele fez isso, sem dúvida, ao preço de uma subjetivização radical, denunciada por pensadores como Hegel e Karl Barth, que alegam que ela reduzia a religião a uma simples questão de sentimento, mas ele permitiu a seus herdeiros, como R. Otto (*O Sagrado*, 1917) e, indiretamente, W. James (*The Varieties of Religious Experience*, 1902), falar da *experiência* religiosa como tal, considerada desde então como mais fundamental que seus objetos, todos tributários de seus contextos históricos e por conseguinte relativisáveis.

4. A sistematização filosófica da religião em Schelling e Hegel

Com Fichte, que se inspirou em Kant para fazer uma *Crítica de toda revelação* (1792), Schelling (1775-1854) e Hegel (1770-1831) são os grandes pensadores sistemáticos do idealismo alemão. É impossível fazer-lhes aqui plena justiça, mas podemos dizer que eles foram os primeiros, depois de Kant, a elaborar sob este nome verdadeiras filosofias da religião. O Hegel da maturidade deu cursos magníficos de "Filosofia da religião" em Berlim (publicados depois de sua morte), onde o último Schelling, por sua vez, deu lições de "Filosofia da revelação" e de "Filosofia da mitologia". Mas o tema atravessa todos os pensamentos deles. Com seu amigo Hölderlin, eles estudaram a teologia no decorrer dos anos 1790, no seminário de Tübingen, então inflamado pelas duas revoluções do momento, a kantiana e a francesa. Compuseram então um "fragmento de sistema", no qual apelavam para seus votos de uma "religião sensível" e uma "mitologia da razão". O fato é que a razão, a moral e a religião kantianas continuavam abstratas demais aos olhos deles: elas deviam encarnar-se na cultura de todo um povo e da própria história, então em efervescência. O ideal deles era o ideal de uma religião universal da humanidade, mas que se cumprisse no mundo real. Seus sistemas totalizantes buscam, portanto, pensar um espírito que se encarne no real e uma realidade que seja penetrada pelo espírito. Compreende-se que a religião tenha exercido sobre eles uma força poderosa de atração ou até que ela tenha estado à origem de suas sínteses especulativas: o propósito deles é de fato pensar o Absoluto (nada menos) e mostrar que ele é efetivo. O modelo da Encarnação terá exercido aqui um papel-chave, porque ele ensina que Deus escolheu por si mesmo encarnar-se na natureza e na história. Portanto, a história pode ser pensada como uma revelação do absoluto (uma "teodiceia da razão", dirá também Hegel), no duplo sentido do genitivo: é ela que nos revela o absoluto, mas é também nela que o absoluto se revela a si mesmo. É só impregnando e determinando toda realidade que o espírito demonstra sua absolutidade. A religião que celebra essa espiritualidade do real pode ser saudada como o "domingo da vida".

Se Hegel tem uma ideia tão elevada da religião é que ele acha, em sua terminologia tão exigente, que ela é a consciência de si mesmo do espírito absoluto, no duplo sentido, mais uma vez, do genitivo: se é por ela que o ser humano, tomando consciência do espírito que o anima, pode elevar-se ao infinito e dar permissão a sua particularidade, é através das religiões determinadas que o próprio espírito se torna consciente de si mesmo. As religiões são então compreendidas como as etapas ou as estações do espírito tornando-se consciente de si mesmo. Assim, para Hegel, elas não nasceram de maneira contingente, mas são "determinadas pela natureza do próprio espírito, que abriu uma passagem no mundo para entregar-se à consciência de si mesmo" (Hegel, 55). Passagem necessária, porque é esta história que gerou o conceito de religião (e assim conduz o espírito a si mesmo). Para ele, o cristianismo encarna o cume e a revelação desse conceito.

Se a religião prepara dessa maneira o "saber absoluto" do filósofo, Hegel julga que a filosofia é superior à religião, porque a religião continua prisioneira de representações sensíveis, sem dúvida indispensáveis ao ser humano, mas inadequadas em última instância para pensar a ideia do absoluto, uma vez que esse pensamento não pode desenvolver-se plenamente a não ser no elemento do conceito. Em sua última filosofia, Schelling criticará, por sua vez, essa filosofia do conceito que continua sendo "negativa", a seus olhos: aqui a filosofia não chegaria a sair do elemento do conceito e a pensar o absoluto de maneira positiva, isto é, tal como ele se coloca a si mesmo. É por isso que a filosofia negativa, ou puramente conceitual, deve ser substituída por um pensamento que se abre à manifestação do absoluto por ele mesmo, tal como ele se dá na revelação e na mitologia.

5. As críticas da religião após Hegel

Essas sínteses especulativas, muito mais audaciosas depois da censura kantiana da metafísica, suscitaram uma reação contrária imediata, que foi ora religiosa, ora antirreligiosa. A reação religiosa do pensador dinamarquês Soren Kierkegaard retoma a crítica que o último Schelling dirigia a Hegel, a de continuar preso ao elemento do conceito e da totalidade abstrata, mas lhe dá uma nova dimensão: um tal sistema faria abstração da decisão religiosa na qual se encontra imersa a existência. Ao primado hegeliano da totalidade e do conceito, mas também da filosofia, Kierkegaard opõe o primado da existência individual, de sua angústia e da decisão que lhe incumbe. Essa radicalização da problemática da existência não conhecerá sequências, a não ser no século XX, com Barth, Rosenzweig, Jaspers, Heidegger e Levinas, e conduzirá em todos esses autores a uma importante renovação da filosofia da religião.

Mas a reação filosófica que fez tanto barulho depois de Hegel foi amplamente antirreligiosa (permanecendo ao mesmo tempo fortemente messiânica). Essa reação se serviu de uma categoria eminentemente hegeliana para estigmatizar a *alienação* que a religião representaria para a consciência humana. A reação mais célebre é a de Marx, que vê na religião o "ópio do povo": uma ideologia que nasceu da miséria social, que visa consolar, mas que dependeria de uma projeção, aquela que foi denunciada por Feuerbach, quando ele disse que o ser humano atribuía ao divino propriedades humanas das quais deveria reapropriar-se, e aquela que será de novo atacada por Nietzsche, quando ele proclamará, não sem dor, a morte de Deus em *Gaia Ciência* (*Gai Savoir,* 125). No entanto, é preciso notar que Marx reconhecia uma função crítica *positiva* à religião quando ele falava de sua dupla face: "A miséria religiosa é ao mesmo tempo a *expressão* da miséria real e o *protesto* contra a miséria real". A religião encerra, portanto, um potencial utópico, evocando um mundo melhor a vir que o marxismo promete transformar em realidade: "A religião é o suspiro da criatura atormentada, a alma de um mundo sem coração, assim como ela é o espírito (!) de situações desprovidas de espírito. Ela é o *ópio* do povo".[2]

Costuma-se sublinhar muito pouco que essa ideia de ópio tinha algo de positivo no contexto do século XIX. O ópio era naquele tempo uma droga chique, reservada às pessoas elegantes e às classes abastadas que buscavam um prazer real. Marx não diz da religião que ela é o álcool ou a cerveja do povo... A religião encarna, portanto, algo de refinado, de sutil, de "espiritual", em um mundo sem espírito. Mas seu

---

[2] K. Marx, *Critique de la philosophie du droit de Hegel*, Aubier, 1971, 53. Muitas vezes se esquece de que a fórmula bem conhecida de Marx já tinha sido antecipada por Kant, mas em sentido ligeiramente diferente: Kant fazia alusão ao reconforto que um padre pode trazer a um moribundo que se aflige com dores de consciência por causa da vida que levou. Kant reprova então o padre por querer apaziguar, pelo ópio, a consciência moral dos agonizantes (*Opium fürs Gewissen, Religion,* 155), em vez de aguçá-la, lembrando-lhe o austero exame ao qual ela não poderia esquivar-se, mesmo em sua última hora.

prazer, seu bem-estar é ilusório. Por conseguinte, Marx exige sua supressão ou sua transfiguração: "A abolição da religião enquanto felicidade *ilusória* do povo é a exigência de sua felicidade *verdadeira*. Exigir que se renuncie às ilusões relativas a seu estado é *exigir que se renuncie a uma situação que tem necessidade da ilusão*. Portanto, a crítica da religião, em seu germe, é *a crítica do vale de lágrimas*, cuja *auréola* é a religião".

Falar de auréola é reconhecer que a religião é fonte de luz e de transcendência, mas que levaria o ser humano a orientar-se por uma outra estrela e não por ele mesmo: "A religião, conclui Marx, não é mais do que o sol ilusório que se move em torno do ser humano, enquanto ele não se move em torno de si mesmo". É a nova esperança do marxismo. Mas é preciso levantar aqui uma pequena questão: como pode o ser humano mover-se em torno de si mesmo? Além do contrassenso que isso implica, pode-se ainda perguntar se o ser humano não tem necessidade de um sol acima dele ou de uma estrela para orientar-se. Em todo caso, Marx compreendeu que essa era a mais alta função da religião.

Feuerbach, Marx e Nietzsche, sem esquecer Freud e sua denúncia da religião como forma de neurose coletiva, são os grandes mestres da suspeita, cujo impacto sobre a filosofia da religião continua colossal. O motivo deles é duplo: *a*) a crítica da religião como forma de alienação é antes de tudo conduzida em nome de um ideal de *autonomia* proveniente do Iluminismo e de Kant (mas note-se a ironia: enquanto essa autonomia ainda nos aparentava, para Kant, ao criador divino, ela será para seus herdeiros o que nos incitará a prescindir dele); *b*) ela também é fortemente inspirada no *positivismo* ambiente, conceituado por Comte com sua distinção dos estados religiosos, metafísico e positivo da humanidade: para ele só a ciência pode pronunciar-se de maneira autorizada sobre o real, mas também sobre a própria religião que pode ser tratada como uma forma de patologia. Por conseguinte, a morte próxima da religião pode ser proclamada como uma certeza filosófica. Sua sobrevivência só pode ser explicada de maneira sociológica ou psicológica. Mais recentemente, especialistas das ciências cognitivas quiseram até ver no sentimento religioso o efeito de um gene particular ou de uma ilusão produzida quimicamente por nosso cérebro.[3]

Essa constelação filosófica inspirada no ideal da autonomia e da ciência moderna contribuiu, por um tempo, para certo eclipse da religião como tema *central* da filosofia. Após as desconstruções da religião de Feuerbach, Marx, Nietzsche e Freud, a filosofia cessou um pouco de preocupar-se muito, ou de maneira constitutiva, com a religião, que se tornou infrequentável: o positivismo levou ao monopólio da epistemologia ou da teoria das ciências (em que a religião não pode aparecer, a não ser como um exemplo negativo de não ciência ou de superstição); no mesmo espírito, a filosofia analítica, dominante no mundo anglo-saxão, preocupa-se com a verificabilidade dos enunciados e tem pouca paciência para os enunciados religiosos ou para o próprio tema da religião; a ética (individual, social e política) desenvolveu-se na maioria das vezes segundo o *leitmotiv* kantiano da autonomia, em que a religião estava ausente ou era um simples apêndice; a fenomenologia (Husserl, Heidegger) se recomenda como um retorno aos fenômenos tais como eles se dão, e se a religião pode ser considerada como um fenômeno, seus objetos e suas expressões são suspeitos e relativamente pouco trata-

---

[3] D. HAMER, *The God Gene. How Faith is Hardwired Into Our Genes* (Doubleday, 2004). Para explicações naturalistas, ver também os best-sellers de D. DENNETT, *Breaking the Spell. Religion as a Natural Phenomenon* (Penguin, 2006), e R. DAWKINS, *The God Delusion* (Bantam, 2006).

7. O mundo moderno | 113

dos pelos grandes fenomenólogos da primeira geração (com exceção, talvez, de Heidegger, mas que não falou dela a não ser em seus cursos de juventude); o existencialismo, embora lançado por um pensador religioso como Kierkegaard, focaliza a atenção no abandono do indivíduo, e sua perspectiva é a mais evidente do tempo arreligioso ou ateu (Sartre, Camus). O existencialismo dito cristão (Marcel) continua marginal, como o são as filosofias da religião mais confessionais, muitas vezes admiráveis, mas cuja repercussão foi limitada. A hermenêutica, ainda que alimentada por uma abundante tradição teológica (Schleiermacher é um de seus mestres), traz mais reflexão sobre a experiência de verdade da arte e das ciências humanas (Gadamer) e situa, no melhor dos casos, a religião "na fronteira da filosofia" (Ricoeur). A desconstrução no sentido amplo (Derrida, Foucault, Deleuze), que também se inscreve na linhagem suspeita de Marx e Freud, apresenta-se antes de tudo como uma destruição da metafísica e mostrou-se bastante alérgica a toda forma de religiosidade, pelo menos até os últimos trabalhos de Derrida. Estes foram influenciados por Levinas, que se vale da religião judaica, mas o faz para criticar a tradição filosófica ocidental e o primado que ela teria reconhecido aos temas do conhecimento e do ser. Levinas lhe opõe o primado da ética e da interpelação que brota do rosto do outro. Portanto, é menos a religião do que a ética que se encontra aqui reabilitada, mas a evidenciação das raízes religiosas da ética, esquecidas desde Kant e Hegel, contribuiu para criar um clima mais receptivo à temática do religioso. A partir de então, a religião cessou de ser um tema absolutamente tabu em filosofia (Girard, Marion, Brague, Taylor, Vattimo, Habermas). Aqui, o impacto mais importante veio sem dúvida de M. Heidegger (1889-1976).

6. Heidegger e a possibilidade do sagrado

À primeira vista, a questão da religião parece bem discreta na obra de Heidegger. Se ele recebeu uma formação católica estrita, que o levou primeiro para a teologia e o pensamento tomistas, Heidegger distanciou-se bem cedo do "sistema do catolicismo", julgando que seu Deus era apenas um príncipe metafísico que servia de segurança e de apoio inabalável (o que ele achava blasfematório em seus primeiros cursos sobre Agostinho). Com Pascal, Heidegger sempre denunciará um deus dos filósofos, diante do qual não se pode ajoelhar nem rezar. Aqui, Heidegger é influenciado por pensadores iconoclastas como Lutero e Kierkegaard, que colocam em questão essas construções filosóficas em nome da inquietação radical do coração humano (do qual Agostinho já havia falado muito, mas que ele teria encoberto, segundo Heidegger, sujeitando-o a uma ordem metafísica). Mas Heidegger também leu Rudolf Otto, que havia falado suntuosamente do caráter imprevisível e fulgurante do "sagrado" ou do "numinoso" (entendido como experiência irracional do "totalmente outro" que nos transtorna, que nos derruba) em sua célebre obra de 1917, *O sagrado*. Mas, pergunta-se fundamentalmente Heidegger, será que essa experiência do sagrado ainda é possível?

Heidegger viu claramente que essa pergunta não podia ser feita, a não ser retornando à sua raiz, a "questão do ser". Se essa questão é tão crucial é porque vivemos em uma época e uma tradição dominadas por uma compreensão do ser que torna impensável ou improvável toda manifestação do sagrado. Essa tradição é a que Heidegger resume, sumariamente, sob o termo "metafísica". Sabemos que a metafísica, desde Platão, tenta explicar o ser a partir de seus primeiros princípios. Ora, Heidegger julga que essa metafísica é animada por uma vontade de domínio, porque ela estaria baseada em uma concepção do ser que o reduz ao que pode ser captado por um olhar: o ser se define então por sua visibilidade, portanto, em princípio, em função do olhar humano. O que Heidegger torna perceptível aqui é a concepção nominalista do ser, da qual nós partimos, que faz sistema com a prioridade que a ciência reconhece ao que é diretamente observável. Se esse nominalismo tornou possível o progresso, absolutamente importante, da ciência moderna, Heidegger não ignora que ele deixa em aberto toda a questão do sentido: qual é o sentido de nossa existência e do cosmos, se o mundo se resume em um conjunto de massas em movimento regidas exclusivamente pelas leis da mecânica? Em uma construção como essa, é evidente que a religião como tal não passa de uma *construção segunda* do espírito que não pode ser considerada senão como a *ficção* à qual alguns indivíduos continuam presos em razão de suas origens ou de suas angústias. Aqui a fé não é mais do que uma atitude subjetiva, portanto problemática. Mas isso também é verdade de todas as convicções fundamentais de que se fala, há pouco tempo, apropriando-se de um vocábulo da economia do século XIX, em termos de "valores". Entenda-se: elas valem, isto é, são rentáveis, para este ou aquele sujeito. Mas esse valor não remete mais a nada de substancial ou de superior. É uma das consequências do império do nominalismo.

    Heidegger tem razão quando pensa que a questão do niilismo encontra aqui sua origem: se todos os valores só dependem do sujeito que determina o que é, que estrela ou que medida, pode ainda orientá-lo? Parece que essa medida só depende do bom valor do sujeito que confirma desse modo sua onipotência, mas ao mesmo tempo sua impotência intrínseca: quem é ele então para determinar o que deve dar um sentido último a sua vida? A grandeza de Heidegger está em ter reconhecido essa aporia do niilismo, originário do nominalismo. A seus olhos, a salvação só pode então provir de uma nova compreensão do ser.

Por isso ele afirma, em sua *Carta sobre o humanismo*, que a questão do ser é prévia à questão do sagrado e do divino.[4] Trata-se, para ele, não tanto de impor condições, "idólatras", ao aparecimento do divino, como pensou J.-L. Marion em seu formidável debate com Heidegger,[5] mas de reconhecer que a questão do divino está "fora do lugar" na perspectiva do nominalismo. Para Heidegger, este nominalismo equivale a um esquecimento do ser, porque é esquecido que sua concepção fisicalista do real não é nada mais do que uma das manifestações do ser, a que adquiriu um monopólio em nossa tradição. Somente uma outra compreensão do ser pode ainda nos salvar, e é dela que dependeria a questão do sagrado, do sentido ou do divino. Mas essa concepção, Heidegger não pretende elaborá-la pessoalmente. Adventista a sua maneira, ele espera apenas dispor o pensamento para seu possível advir. É assim que sua última filosofia se dedica à preparação de um pensamento enfim livre de seus trilhos nominalistas. Seu pensamento do ser como evento (*Ereignis*), ou como um jorrar, "sem razão", como sua escuta de Hölderlin, que colocou em poema a ausência dos deuses, não tem outra preocupação senão explorar esse lugar inverossímil, mas tanto mais necessário, de um novo advir do ser e, portanto, do divino.

O limite da análise de Heidegger, cujo diagnóstico é perspicaz, é que ele nem sempre espera mais do que uma manifestação vertical do sagrado, desconsiderando pelo

---

[4] M. Heidegger, *Lettre sur l'humanisme*, Aubier, 1983, 134s.
[5] J.-L. Marion, *Dieu sans l'être*, Fayard, 1982, 62.

7. O mundo moderno | 117

próprio fato toda capacidade da razão humana de pensar o divino, capacidade que, no entanto, foi objeto de toda a filosofia da religião (e que Heidegger pressupõe, *nolens volens*, quando critica uma concepção que ele julga inapropriada do divino). Heidegger também presta muito pouca atenção à compreensão do ser que *precedeu* a emergência do nominalismo, a do platonismo. Visto que Platão compreende o ser a partir da constância da ideia, Heidegger acha que ele o apreendeu exclusivamente na perspectiva do olhar humano e que ele deve ser assimilado ao nominalismo. Mas Heidegger não chegou a ver bem que a concepção platônica do ser, como manifestação da essência, representava um forte contrapeso à concepção nominalista do ser que iria triunfar pouco depois. Porque o que existe primeiro, para Platão, não é o isto diante de mim, o objeto quadrado que minha inteligência pode captar. Platão sempre vê aí uma realidade segunda em relação à evidência primeira da ideia. Sem dúvida, a *ideia* parece compreendida como alguma coisa que se deixa "ver" (o *eidos* estando solidamente fixo a um *eidenai* que quer dizer ver e saber, como seu equivalente latino *species* remete a *spectare*). Mas se o *eidos* se dá a ver, ele jamais se mostra a si mesmo, jamais é dado como tal em carne e osso. O *eidos* nem sempre pode ser reconhecido, a não ser a partir de suas aparições sensíveis. Ele é evidente (*e-videre*) à flor do sensível, onde não se pode senão entrevê-lo.

A essência, ou o *eidos*, também não é o pensamento que nos vem ao espírito quando nos surpreendemos no mundo das instâncias de beleza, de bondade, de harmonia e de regularidade. Ela nos ensina que o ser não se reduz ao choque das moléculas estudadas pela física moderna, mesmo que ela o faça às vezes com um sentimento religioso cósmico que não a desonra: é que esses seres são manifestamente regidos por constantes e continuidades de uma sutilidade infinita. Por esse lado, o mundo, e o próprio nominalismo, deixa-se luzir e entrever um outro nível de ser que se pode qualificar de superior, tanto ele se distingue nitidamente do mundo imediato que fascina primeiro nossos sentidos. No contexto de um tal pensamento da essência, a manifestação do divino torna-se de novo pensável. Heidegger insistiu muito pouco nisso, mas a própria religião brotou de uma experiência do ser que reconhece no mundo da vida manifestações da essência divina. Sua experiência fundamental é a de um mundo que é de imediato razoável, sensato. Para nosso tempo, talvez seja essa a maior filosofia da religião, sua mais valiosa sabedoria.

Conclusão

O primeiro momento constitutivo de uma filosofia da religião, pelo menos daquela que foi aqui esboçada, depende do reconhecimento de uma descendência ou de uma *dívida*, mais ou menos confessada, da filosofia em relação à religião. É que a religião existiu bem antes da filosofia e prefigurou quase todos os seus temas e o sentido de sua busca de sabedoria. Pode-se pensar primeiro na separação entre os divinos e os mortais (que alguns filósofos tentarão reabsorver falando de uma "imitação do divino", *Teeteto*, 176 *a*), que prefigura a distinção metafísica dos dois mundos, divino e mortal, racional e sensível.

Mais profundamente ainda, o "divino", sentido como poder superior, é pensado como responsável pela ordem do mundo e da virtude. Toda bondade e toda ordem encontram, portanto, sua fonte nele, dirá Platão. Suas ideias virão assim substituir os deuses da mitologia como grandes princípios da ordem do mundo, embora Platão continue a inspirar-se nessa herança, nem sempre distinguindo a busca racional da sabedoria mítica, sendo esta espontaneamente mobilizada para apoiar aquela. Ora, essa dívida, essa descendência em relação à herança mítica, não exclui a *crítica* dessa herança, muito ao contrário.

Por isso, o segundo momento determinante na relação da filosofia com a religião se exprime por uma *crítica da tra-*

dição mítica, fundada em Platão sobre uma "agatonização" do divino. Essa é uma atitude bem constante da filosofia em relação à religião. Embora nem sempre conteste sua descendência, a filosofia se recomenda então como um saber racional e argumentativo que a obriga a fazer severas críticas à tradição mítica, mas, importa sabê-lo, servindo-se de critérios fornecidos por essa mesma tradição. Porque é a religião que nos ensina que os deuses são *superiores, bons, transcendentes* e que não se pode, portanto, atribuir-lhes insuficiências demasiadamente humanas, como se arriscam a fazê-lo os poetas. Se a filosofia da religião apresenta uma crítica do mito, ela propõe ao mesmo tempo uma versão purificada dele. Cícero se inscreve nessa tradição dizendo que a religião procede de uma leitura atenta, portanto filosófica, das questões que estão ligadas ao culto dos deuses. Por conseguinte, não há religião, rigorosamente compreendida, sem filosofia.

Essa crítica filosófica da tradição mítica pode ser parcial ou total: ela pode ser feita em nome de uma concepção mais racional do divino, mas também pode levar a uma *desconsideração total* do religioso. Essa crítica total será o apanágio da modernidade tardia, porque ela se encontra muito pouco na Antiguidade e permanece, com certeza, totalmente ausente na Idade Média. Não continua apenas uma crítica dirimente da religião (Nietzsche, Freud, Dawkins), continua uma filosofia da religião que decorre dessa tradição da crítica do mito. Ora, se ela critica as religiões, é porque pretende ter uma ideia melhor da salvação do ser humano. Essa salvação parece então consistir em uma libertação em relação a qualquer tipo de religião. Contudo, essa crítica não poderia esquecer que a própria ideia de libertação e de salvação também vem da religião.

Essa atitude crítica face à tradição mítica se faz por meio de uma operação filosófica corrente a respeito da religião, a da *desmitologização*. É aquela que Aristóteles exprime em sua *Metafísica*, quando se refere a sua explicação racional das esferas celestes dizendo que ela retém o núcleo credível do ensinamento mítico sobre os deuses. O termo desmitologização só aparecerá com Bultmann, no século XX. Mas Aristóteles já a pratica quando ele afirma que há na tradição religiosa elementos "para o povo, mas que é à filosofia que cabe destilar-lhes a racionalidade. É ela que Marx prolonga, quando distingue o ópio para o povo do potencial revolucionário da religião, mas Cícero, Averróis, Maimônides, Spinoza e Kant já a praticam quando extraem da religião uma sabedoria mais racional e por conseguinte mais universal.

Esse projeto de desmitologização, que, como vimos, já fazia parte da religião, na medida em que ela encerra uma crítica das concepções inadequadas do religioso, leva a uma concepção depurada do divino. Como devemos conceber os deuses? Será que eles se ocupam conosco? Eis a importante questão no centro do debate sobre a natureza dos deuses que coloca em confronto epicureus e estoicos. Mas esse debate é empreendido cada vez em nome de uma concepção do divino que pretende ser mais racional e mais coerente: os epicureus se apoiam na *transcendência* radical do divino para afirmar que os deuses se ocupam conosco, enquanto os estoicos se apoiam em sua *bondade* para chegar à conclusão de sua providência. Para o bem do culto público, portanto, por razões que podemos dizer políticas, Cícero acha que é mais sábio pensar que os deuses se ocupam conosco.

Essa ideia de desmitologização pensada até as últimas consequências *pode* também culminar, em sua versão mais triste, no ateísmo: porque é valendo-se dela que se pode julgar insustentável a ideia de seres mais ou menos invisíveis que seriam responsáveis pela ordem do mundo. Desse modo o ateísmo é uma desmitologização radical e, a este título, uma filosofia da religião.

A própria filosofia, nascida de um esforço de desmitologização, pode às vezes tomar o lugar da religião. Esse rigor pode desembocar em uma *fusão da religião e da filosofia*. Essa atitude emerge na Antiguidade tardia, na esteira das escolas do helenismo, dedicadas à busca da felicidade ou do bem-estar individual. A filosofia e a religião se compreendem então como outras tantas vias que conduzem à felicidade da alma. É assim que, para Agostinho, o cristianismo nada mais é do que a verdadeira filosofia. Esse modelo fusionista exercerá certa atração sobre a Idade Média (e continua operante ainda hoje, quando esperamos da filosofia lições de vida), mas a redescoberta dos autores antigos no curso desse período obriga os pensadores a dissociar duas ordens de saber: uma *sabedoria religiosa* revelada em um texto sagrado, no qual se deve distinguir a *sabedoria profana*, fundada na razão humana, mas cujo alcance é universal. Passa-se assim de uma *fusão* da filosofia e da religião a uma forma de coabitação das duas, que poderá tomar a forma de uma *subordinação* (da razão à revelação ou desta àquela) e mesmo de uma *oposição*, quando o prestígio de uma leva à desconsideração da outra.

O mérito dos melhores pensadores muçulmanos e de seus herdeiros é ter insistido na autonomia dos dois tipos de saber. Mas pelo próprio fato a revelação aparece cada vez mais como uma sabedoria particular e historicamente datada, enquanto a universalidade, certamente pensada pelas grandes religiões, tornar-se-á o apanágio da filosofia. Portanto, o saber racional e científico se imporá como o único. Com a modernidade avançada, esse monopólio levará a uma crítica radical da religião (logo depois seguida, com todo rigor, de uma crítica da própria razão). Chegamos assim, se quisermos, a uma filosofia *sem* religião, a qual continua sendo, quer reconheça ou não, uma filosofia da religião.

Para toda a tradição, tanto da filosofia como da própria religião, o que nos aproximava do divino era a razão. Ora, hoje ela serve muitas vezes para contestar sua realidade. A questão que aqui se pode colocar é a de saber se essa razão pode então explicar a si mesma e a ordem do mundo que ela procura compreender, que ela deve necessariamente pressupor e na qual ela mesma se insere.

A constelação que leva a uma crítica filosófica radical da religião não é estranha à compreensão nominalista do ser que o reduz a sua aparição física, espacial e mensurável. Isto é, um mundo sem deuses, cuja única consolação é ser científico. A religião pode lembrar à filosofia que esse mundo não é o único, nem talvez o primordial. Para ela, a evidência primária é antes a de um mundo cheio de sentido. Não devemos precipitar-nos para falar aqui, segundo uma caricatura rebatida, de um mundo encantado que se poderia opor a um mundo que seria desencantado. Porque é um projeto do saber humano que decreta que o mundo, tal como ele se apresenta, é desprovido de sentido. O mínimo que se pode dizer é que isso não é *a priori* evidente. É que o mundo que nos cerca, o mundo do espírito, da natureza e até mesmo o da física, é um mundo à primeira vista sensato e cujas razões podemos compreender. Esse sentido, e na medida em que ele é ressentido como tal, pode suscitar admiração. Esta veneração encontrou sua expressão multiforme nas religiões. Elas vêm assim fazer a filosofia voltar a sua própria pressuposição, a do sentido do mundo. Se a religião pode despertar-nos para esse sentido, ela respeita ao mesmo tempo tudo o que há de incompreensível.

Bibliografia

FOESSEL, M. (Org.). *La religion*, GF, 2000.
ARISTÓTELES. *Métaphysique*, Vrin. [*Metafísica*, Edipro, 2005]
AGOSTINHO. *A cidade de Deus*, v. I e II, Editora Vozes.
_____. *A doutrina cristã*, Paulus Editora, 2002.
_____. *A verdadeira religião*, Paulus Editora, 1987.
_____. *Confissões*, Editora Vozes, 2011.
AVERROÈS. *Discours décisif*, GF, 1996.
BERGSON, H. *Les deux sources de la morale et de la religion* (1932), PUF. [*As duas fontes da moral e da religião*, Almedina]
BRAGUE, R. *La sagesse du monde*, Fayard, 1999.
CÍCERO. *La nature des dieux*, Les Belles Lettres, 2002. [*Da natureza dos deuses*, Vega Editora, 2004]
ELIADE, M. *Le sacré et le profane*, Gallimard, 1965. [*O sagrado e o profano*, Martins Fontes, 2010]
FREUD, S. *L'avenir d'une illusion* (1927), PUF, 1995. [*O futuro de uma ilusão*, L&PM, 2010]
GIRARD, R. *Le bouc émissaire*, Grasset, 1982. [*O bode expiatório*, Paulus Editora, 2004]
GISEL, P. *Qu'est-ce qu'une religion?*, Vrin, 2007.
GREISCH, J. *Le buisson ardent et les lumières de la raison. L'invention de la philosophie de la religion*, 3 tomos, Le Cerf, 2002, 2004, 2004.

GRONDIN, J. *Introduction à la métaphysique*, PU Montréal, 2004.
_____. *Du sens de la vie*, Bellarmin, 2003.
HEGEL, G. W. F. *Leçons sur la philosophie de la religion*, PUF, 1996.
HUME, D. *L'histoire naturelle de la religion*, Vrin, 1989. [*História natural da religião*, Editora Unesp, 2005]
JAMES, W. *The Varieties of Religious Experience*, New York, 1902. [*As variedades da experiência religiosa*, Cultrix, 1991]
KANT, E. *La religion dans les limites de la simple raison* (1793), Vrin, 1994. [*A religião nos limites da simples razão*, Edições 70, 2008]
_____. *Critique de la raison pure* (1781), PUF. [*Crítica da razão pura*, Ícone Editora, 2007]
KOLAKOWSKI, L. *Philosophie de la religion*, 10-18, 1985.
MAÏMONIDE, M. *Le guide des égarés*, Verdier, 1979.
MARION, J.-L. *L'idole et la distance*, Grasset, 1977.
_____. *Dieu sans l'être*, Fayard, 1982.
MARX, K. *Critique de la philosophie du droit de Hegel*, Aubier, 1971. [*Crítica da filosofia do direito de Hegel*, Boitempo Editorial, 2010]
OTTO, R. *Le sacré. L'élément non rationnel dans l'idée du divin et sa relation avec le rationnel* (1917), Payot, 1969. [*O sagrado*, Editora Vozes, 2007]
PASCAL. *Pensées* (1660), Garnier. [*Pensamentos*, Europa-América, 1997]
PLATÃO. *A República*, Rideel, 2005.
_____. *As Leis*, Edipro, 2010.
_____. *Êutifron*, Imprensa Nacional.
_____. *Fedro*, Edufpa, 2011.
_____. *Íon*, Autêntica, 2011.
_____. *O Banquete*, Edições 70, 2007.

_____. *Teeteto*, Calouste Gulbenkian.
_____. *Timeu*, Instituto Piaget, 2004.
ROUSSEAU, J.-J. *Émile ou de l' éducation* (1762), GF. [*Emílio ou da educação*, Martins Fontes, 2004]
SCHLEIERMACHER, F. *De la religion* (1799), Van Dieren, 2004. [*Sobre a religião*, Fonte Editorial]
SPINOZA, B. de. *Tractatus theologico-politicus* (1670), GF, 1965. [Tratado *teológico-político*, Imprensa Nacional, 1988]
TAYLOR, C. *The Secular Age*, Harvard UP, 2007.
TOMÁS DE AQUINO, SANTO. *Somme théologique*, Le Cerf, 1984-1986. [*Suma Teológica*, Loyola]
VATTIMO, G. *Espérer croire*, Le Seuil, 1998.
VERNANT, I.-P. *Mythe et religion en Grèce ancienne*, Le Seuil, 1990. [Mito e religião na Grécia antiga, Martins Fontes, 2006]

Impressão e acabamento
GRÁFICA E EDITORA SANTUÁRIO
Em Sistema CTcP
Capa: Supremo 250 g – Miolo: chamois 80 g
Rua Pe. Claro Monteiro, 342
Fone 012 3104-2000 / Fax 012 3104-2036
12570-000 Aparecida-SP